Soldi veloci in un weekend.

SOLDI VELOCI IN UN WEEKEND

A cura di: D.K. Hawkins
Serie "Quick Money" (Soldi veloci)
Versione 1.1 ~Novembre 2022
Pubblicato da D.K. Hawkins su KDP
Copyright ©2022 di D.K. Hawkins. Tutti i diritti riservati.

Nessuna parte di questa pubblicazione può essere riprodotta, distribuita o trasmessa in qualsiasi forma o con qualsiasi mezzo, compresi fotocopie, registrazioni o altri metodi elettronici o meccanici o qualsiasi sistema di archiviazione o di recupero di informazioni, senza il previo consenso scritto degli editori, tranne nel caso di brevissime citazioni contenute in recensioni critiche e di alcuni altri usi non commerciali consentiti dalla legge sul copyright.

Tutti i diritti sono riservati, compreso il diritto di riproduzione totale o parziale in qualsiasi forma.

Tutte le informazioni contenute in questo libro sono state accuratamente ricercate e controllate per verificarne l'accuratezza. Tuttavia, l'autore e l'editore non garantiscono, in modo esplicito o implicito, che le informazioni contenute nel presente documento siano adatte a ogni individuo, situazione o scopo e non si assumono alcuna responsabilità per errori od omissioni.

Il lettore si assume il rischio e la piena responsabilità di tutte le azioni. L'autore non sarà ritenuto responsabile di eventuali perdite o danni, conseguenti, accidentali, speciali o di altro tipo, che possano derivare dalle informazioni presentate in questo libro.

Tutte le immagini sono libere di essere utilizzate o acquistate da siti di foto stock o royalty-free per uso commerciale. Per la stesura di questo libro mi sono basato sulle mie osservazioni e su molte fonti diverse; ho fatto del mio meglio per verificare i fatti e dare credito a chi di dovere. Nel caso in cui venga utilizzato del materiale senza il dovuto permesso, vi prego di contattarmi in modo da correggere la svista.

Le informazioni fornite in questo libro hanno uno scopo puramente informativo e non sono da considerarsi una fonte di consulenza o di analisi del credito in relazione al materiale presentato. Le informazioni e/o i documenti contenuti in questo libro non costituiscono una consulenza legale o finanziaria e non dovrebbero mai essere utilizzati senza aver prima consultato un professionista finanziario per determinare cosa sia meglio per le vostre esigenze individuali.

L'editore e l'autore non forniscono alcuna garanzia o altra promessa in merito ai risultati che possono essere ottenuti utilizzando il contenuto di questo libro. Non dovreste mai prendere alcuna decisione di investimento senza aver prima consultato il vostro consulente finanziario e aver condotto le vostre ricerche e la vostra due diligence. Nella misura massima consentita dalla legge, l'editore e l'autore declinano ogni responsabilità nel caso in cui le informazioni, i commenti, le analisi, le opinioni, i consigli e/o le raccomandazioni contenuti in questo libro si rivelino inesatti, incompleti o inaffidabili o comportino perdite di investimento o di altro tipo.

Il contenuto di questo libro, o quello reso disponibile, non è inteso e non costituisce consulenza legale o di investimento, e non si instaura alcun rapporto avvocato-cliente. L'editore e l'autore forniscono questo libro e i suoi contenuti "così come sono". L'uso delle informazioni contenute in questo libro è a vostro rischio e pericolo.

INDICE DEI CONTENUTI.

Soldi veloci in un weekend. 1

INDICE DEI CONTENUTI. 4

INTRODUZIONE. 7

CAPITOLO 1: PERCHÉ GUADAGNARE VELOCEMENTE NEL FINE SETTIMANA? 10

CAPITOLO 2: MODI PER GUADAGNARE VELOCEMENTE NEL FINE SETTIMANA. 14

    1. Vendere oggetti altrui. 14

    2. Scrivere articoli. 16

    3. Creare un blog. 22

    4. Custode della casa. 31

    5. Servizi di pulizia. 39

    6. Servizi di verniciatura residenziale. 42

    7. Servizi di dog walking. 46

    8. Attività di distributori automatici. 50

    9. eBay e Craigslist. 55

    10. Lo scambio incontra il marketing. 56

    11. Babysitteraggio. 67

    12. Vendi la cena. 69

    13. Sondaggio a pagamento. 70

    14. Vendete spazio per la pubblicità sul vostro blog. 71

    15. Marketing di affiliazione. 73

    16. Casa d'aste online. 76

17. Freelance. 77
18. Ricevere contanti per i vostri prodotti elettronici. 78
19. Lavoro nel settore dei Dettagli auto. 79
20. Scultura di torte. 80
21. Fotografia di animali. 80
22. Cose su misura. 81
23. Tutoraggio. 82
24. Cura dei dettagli del veicolo. 84
25. Conservazione degli immobili commerciali. 84
26. Guardia di finanza. 85
27. Aiuto di scena per una band o un gruppo teatrale. 85
28. Avviare un'attività di assistenza auto. 86
29. Partecipare a una Raccolta di bottiglie. 86
30. Organizzare una vendita in giardino. 87
31. La carta da giornale. 87
32. Paesaggista temporaneo. 88
33. Avviare una piccola impresa. 88
34. Utilizzate il vostro know-how. 88
35. Casa vacanza privata. 89

CAPITOLO 5: I LAVORI PREFERITI DAGLI STUDENTI UNIVERSITARI NEL FINE SETTIMANA. 92

CAPITOLO 6: GUADAGNARE 1.000 DOLLARI IN UN SOLO WEEKEND. 95

CAPITOLO 7: PASSI PER TROVARE RAPIDAMENTE UN LAVORO PER IL FINE SETTIMANA. 101

CAPITOLO 8: I MIEI 50 MODI MIGLIORI PER GUADAGNARE 100 DOLLARI ONLINE IN UN WEEKEND. 106

CONCLUSIONE. 115

INTRODUZIONE.

Questo fine settimana ci sono molte opportunità per guadagnare velocemente senza spendere nulla. Certamente esistono diverse alternative gratuite per guadagnare denaro. Molte persone hanno imparato questi metodi e hanno iniziato a lasciare gradualmente la corsa del topo. Permettetemi di fornirvi alcune semplici tecniche per sfuggire alla corsa del topo.

Per esempio, ottenere articoli ristampati è il modo più rapido per iniziare a fare blogging con AdSense. Gli articoli ristampati sono articoli gratuiti che possono essere pubblicati su un sito come contenuto. Per prima cosa bisogna iscriversi a un blog gratuito e pubblicare lì i propri articoli di ristampa.

Poi, pubblicate almeno 10 post e inviateli alle principali directory per promuovere il vostro sito, e voilà! Le persone si interesseranno al vostro blog e cliccheranno senza dubbio sui vostri annunci

AdSense, e voi sarete ricompensati per questo, in modo da avere un po' di denaro veloce prima del fine settimana! (La risposta per guadagnare grandi quantità di denaro con questi blog è crearne almeno cinque).

Iniziare con la distribuzione di articoli agli elenchi di articoli potrebbe non farvi guadagnare subito molto. Tuttavia, questo processo si sviluppa costantemente e produce enormi quantità di traffico quando si inviano molti articoli.

Esistono vari metodi per iscriversi ai forum e vendere contenuti. Sarete sorpresi dal numero di persone che desiderano acquistare il vostro materiale. Io l'ho fatto e le persone adorano acquistare i contenuti dei forum. Quanto si può guadagnare semplicemente creando e vendendo articoli?

Se siete seri, potete scrivere un articolo in quindici minuti e far pagare 5 dollari per ogni articolo. Vedrete come si accumulerà rapidamente e vi farà guadagnare almeno 100 dollari entro il fine settimana.

Ecco alcuni dei migliori suggerimenti per il crafting, ma ecco la soluzione finale.

Attualmente, se credete che il vostro stipendio sia sufficiente, vi sbagliate. Le persone fanno a gara per trovare un'occupazione maggiore per migliorare la propria situazione finanziaria e avere un domani più roseo. Il lavoro part-time nel fine settimana è uno dei lavori extra più comuni.

Il suo unico scopo è quello di aumentare il vostro benessere finanziario. Inoltre, gli orari flessibili andranno a beneficio di altri e non interferiranno con il vostro lavoro principale. Se decidete di cercare un impiego nel fine settimana, le spiegazioni che seguono possono esservi d'aiuto. Buona lettura.

CAPITOLO 1: PERCHÉ GUADAGNARE VELOCEMENTE NEL FINE SETTIMANA?

In primo luogo, abbiamo bisogno di opportunità, che l'economia moderna offre quotidianamente vicino a dove si risiede! Per la maggior parte delle famiglie che vivono di stipendio in stipendio, è una benedizione ed è ancora estremamente possibile guadagnare denaro veloce ogni fine settimana. Non mi riferisco al marketing multilivello, alla creazione di prodotti o alle chiamate a freddo.

È difficile quando si fa tutto il possibile per pagare le bollette, e un piccolo aumento di reddito potrebbe dare un po' di respiro. Una volta scoperto questo, ho potuto pagare l'auto e le carte di credito con gli altri soldi generati. Erano la mia preoccupazione principale perché ero stanco di pagare tutti i miei soldi ai creditori, ma se volete un televisore a grande schermo, fate pure.

Quando descrivo un unico metodo per guadagnare denaro velocemente, non mi riferisco a denaro gratuito che si può ottenere senza sforzo, perché non esiste. Se non vi preoccupate di un po' di lavoro di gambe, potete creare la vostra attività con meno di 100 dollari e operare sottotraccia generando un reddito extra. poi, ascoltate attentamente.

Che l'economia sia forte o cattiva, le priorità di tutti cambiano, e lo stesso vale per coloro che conservano i loro beni più preziosi in piccoli depositi. Alcune di queste unità vengono abbandonate e l'affitto mensile non viene pagato. Questa è un'ottima occasione per fare un'offerta e aggiudicarsi il contenuto di un'unità.

Quando si vince un'asta e si esplora il contenuto del magazzino compatto, è come se fosse Natale. Alcuni prodotti, come la videocamera di fascia alta che ho vinto, saranno utili a voi e alla vostra famiglia. Poi dovrete trovare i prezzi per gli altri prodotti, cosa che vi mostrerò come fare facilmente online.

Non è necessario vendere questi prodotti; è sufficiente presentare un'inserzione con un linguaggio appropriato per farla risaltare. Inoltre, esiste un sito web che può vendere la vostra merce in meno di ventiquattr'ore per ottenere denaro contante senza alcuna spesa.

Esaminate le mini unità di stoccaggio nel vostro quartiere e nei comuni limitrofi che potete utilizzare per guadagnare rapidamente denaro. Il contenuto di queste unità di stoccaggio deve essere ricollocato prima di poter essere riaffittato. Voi offrite un servizio di assistenza, per il quale venite generosamente ricompensati.

Più del novanta per cento di coloro che leggono questo articolo non faranno nulla. Quelli che faranno un'offerta potrebbero essere scoraggiati dal fatto di non averla vinta la prima volta e abbandonare i loro sforzi.

Voi, però, non siete come loro; avete bisogno di questo e siete perseveranti; vi rendete conto che con il tempo imparerete cose nuove parlando con chi ha già fatto esperienza e ha ottenuto grandi risultati.

CAPITOLO 2: MODI PER GUADAGNARE VELOCEMENTE NEL FINE SETTIMANA.

1. Vendere oggetti altrui.

Aiutare gli altri a fare soldi è un'attività redditizia e c'è una forte possibilità di dare agli altri un modo semplice e veloce per guadagnare denaro. La maggior parte di noi ha accumulato più beni materiali di quanti ne abbia bisogno. Questa è un'occasione d'oro per acquisire un'attività che possa prosperare anche in caso di difficoltà economiche.

Come? Potete guadagnare nei fine settimana offrendo i vostri servizi come organizzatori di vendite di garage e di immobili e vendendo gli oggetti di altre persone. Sappiamo già che molte persone hanno molti oggetti in garage o in casa che potrebbero vendere, e sappiamo anche che le persone cercano di risparmiare per cui acquistano nei discount. Cosa c'è di meglio per fare acquisti di una vendita di garage o di immobili?

Voi vi offrite di organizzare la vendita di oggetti dalla A alla Z, in modo che le persone possano arrivare con una bella somma di denaro al fine settimana. Sarete responsabili di ogni aspetto del progetto. Comporrete un elenco dei prodotti da vendere e del prezzo a cui venderli, facendo semplicemente firmare il modulo al vostro cliente e consegnandogliene una copia. Organizzerete la pubblicità e la promozione della vendita e persino la vendita dei prodotti stessi.

Potreste rimanere stupiti nel constatare quante cose le persone hanno veramente da vendere e quanto valore giace in attesa in un garage. Potete anche avvisare i vicini che state organizzando una vendita e chiedere loro se vogliono organizzarne una.

Possono partecipare preparando una scatola di prodotti da ritirare. Questo potrebbe portare un altro cliente a desiderare la loro vendita o semplicemente a dare loro un assaggio di ciò che state facendo per i loro vicini. In entrambi i casi, aiutate coloro che hanno bisogno di un po' di soldi in più e guadagnate un'attività che ha bisogno solo del vostro talento per essere organizzata e pubblicizzata.

2. Scrivere articoli.

Sapete che la scrittura di articoli può fornire un reddito sostanziale? È considerato uno dei settori di internet sempre più multimiliardari. Quali sono le chiavi per diventare uno scrittore di articoli di successo o per gestire un'attività da casa che vende servizi di scrittura di articoli? Vi descriverò le sette abitudini di un articolista di successo.

Proattivo.

Quando si avvia un'attività, si scopre che migliaia di altri fanno la stessa cosa, ma perché alcuni eccellono mentre altri falliscono? Gli autori di articoli di scarso successo anticipano passivamente un ordine. Questa caratteristica distingue i bravi articolisti dagli altri.

Non investono tempo nello sviluppo della loro attività di scrittura di articoli. Si può essere proattivi in molti modi, tra cui la creazione di un profilo video, la partecipazione a corsi di scrittura di articoli e la creazione di reti con altri autori online e offline. Tutte queste azioni faranno aumentare gli ordini di scrittura di articoli e i suggerimenti per diventare uno scrittore migliore.

Prospettiva a lungo termine.

Gli autori di articoli di successo hanno un obiettivo a lungo termine che li porterà al successo a lungo termine. Stabiliscono i loro obiettivi di vita in modo da poter lavorare quando e dove vogliono.

Con questo ideale di vita in mente, fanno tutto il possibile per raggiungere il successo. Come per tutte le altre attività su Internet, la scrittura di articoli non è un modo rapido per guadagnare denaro. Ci vuole tempo per sviluppare competenze, reputazione e SEO.

Essere puntuali.

Chi ha tempo? Nessuno è corretto. Gli autori di articoli di successo capiscono l'importanza della puntualità. Stabiliscono obiettivi giornalieri, orari e secondo per secondo su cui lavorare.

È così che uno sforzo modesto accumula successo nel tempo. La consegna di contenuti di alta qualità e puntuali ai vostri clienti migliorerà la vostra reputazione. Diventa una pubblicità gratuita su Internet per voi.

Sempre vittorioso.

Gli autori di articoli di successo non cercano di ottenere una vittoria o una sconfitta nelle transazioni commerciali. Si concentrano sul modo in cui il loro lavoro può aiutare gli altri a generare entrate. Condividono i loro contatti e le loro risorse con altri autori di articoli per creare un'ampia rete. In questo modo, è possibile creare un business sostenibile utilizzando le loro conoscenze e competenze per attirare molti potenziali clienti.

Essere positivi.

Il principio della Legge di Attrazione è efficace per gli autori di articoli e per le loro attività. L'energia positiva attira a sé l'energia positiva. Gli autori di articoli trovano il modo di migliorare quando hanno fiducia nel loro lavoro e si assumono la responsabilità del risultato. Pertanto, espandono rapidamente la loro rete.

Essere disposti a imparare.

La conoscenza è in continua evoluzione. Gli autori di articoli possono scegliere nicchie con maggiori competenze, ma devono continuamente aggiornare le loro conoscenze, la terminologia e le espressioni. Non importa quanto siano raffinati i loro talenti, i loro scritti non riusciranno a catturare i lettori se smettono di imparare. Se si scrive come un professore degli anni '80, sarà impossibile attirare i lettori.

Impegno.

Questa è un'abitudine essenziale di tutte le persone di successo. Eliminate "ci proverò" dal vostro dizionario mentale. Quando trasformano "ci provo" in "devo", si impegnano. Questo comporta la rinuncia al tempo libero per guardare interminabili soap opera, Facebook e guardare le vetrine nei fine settimana. Quando incontrano ostacoli o rifiuti, ricordano immediatamente la loro visione e riprendono il lavoro.

Se non vedete l'ora di iniziare a scrivere, dovreste mettervi in contatto con uno specialista di scrittura di articoli che vi faccia da mentore. Il primo passo è quello di condividere i suoi anni di esperienza e una biblioteca segreta. Cliccate qui per ulteriori dettagli.

L'article marketing è un modo semplice per fare soldi, se fatto correttamente. È più facile di molte altre opportunità di guadagno online. Ad esempio, il marketing che utilizza gli articoli è molto più semplice dell'ottimizzazione per i motori di ricerca, in cui si cerca di posizionare le pagine del proprio sito web per varie frasi chiave che un utente può inserire in Google.

I video sono l'unica cosa che mi viene in mente di paragonare agli articoli e il video marketing è praticamente uguale all'article marketing, solo che si usano i video. Questo tipo di marketing è anche molto più indulgente rispetto al marketing pay-per-click, dove si possono perdere rapidamente molti soldi. Inoltre, richiede molto meno tempo rispetto al social media marketing.

Con l'article marketing si possono fare grandi guadagni! È elementare. Non è necessario creare un sito web elaborato o qualcosa di simile. Per iniziare, avete solo bisogno di un computer e di un po' di tempo libero. Oh sì, dovete sapere cosa state facendo! Alla luce di ciò, esaminiamo alcuni dei talenti necessari per avere successo in questa forma di marketing.

Che dire? Dovete avere la capacità di scrivere. Tuttavia, siete fortunati. Non siamo a scuola e non sarete valutati. In realtà, vi valuteranno acquistando i vostri prodotti, ma non si tratta di un sistema di valutazione tradizionale.

Se sapete scrivere, potete guadagnare con l'article marketing; ma non è necessario che scriviate in modo efficace. Il fatto che abbiate un contenuto significativo nella vostra scrittura è molto più essenziale. Non è necessario che sia sconvolgente.

Non dovete trovare la formula di Einstein ogni volta che scrivete, ma dovete essere in grado di trasmettere conoscenze di cui gli altri hanno bisogno e che desiderano. Questo indica che probabilmente dovreste scrivere articoli su argomen

3. Creare un blog.

Avrete probabilmente sentito dire che il blogging può essere redditizio e sarete probabilmente stati inondati di e-mail che vi propongono di guadagnare migliaia di euro da un giorno all'altro solo scrivendo. A chi non farebbe comodo un po' di denaro in più al mese in questi tempi di crisi economica? Fortunatamente, riconoscete una truffa quando la vedete e non siete caduti nella trappola degli esperti di marketing che acquistano un programma dopo l'altro alla ricerca di uno che funzioni.

La vera tragedia è che si può guadagnare con il blogging e migliaia di persone lo stanno già facendo. Non diventerete ricchi da un giorno all'altro, ma se siete disposti a impegnarvi un po', potrete ottenere un reddito costante per far fronte alle necessità della famiglia. Se vi impegnate con tempo e fatica, potete fare milioni (ma non da un giorno all'altro). Potreste sostituire il vostro lavoro quotidiano con un blog.

Ma per fare soldi, è necessario comprendere i fondamenti dell'industria del blogging.

Scegliere una nicchia.

Avrete bisogno di un argomento su cui scrivere; scegliere quello giusto può significare distinguere tra successo e fallimento. L'obiettivo finale è quello di attirare visitatori sul vostro sito web, coltivare un rapporto con loro e poi vendergli qualcosa. La scelta di una nicchia con poca concorrenza è fondamentale per raggiungere questo obiettivo.

Come si realizza questo?

Esistono tuttavia alcune linee guida generali da tenere a mente. Un vecchio proverbio del marketing diretto dice che un marketer (e voi lo diventerete) deve identificare una folla affamata, determinare di cosa ha fame e poi nutrirla.

Un altro criterio è quello di individuare un pubblico la cui domanda occupi i loro pensieri almeno una volta al giorno e in cui abbiano un investimento emotivo. Ad esempio, una persona affetta da ipertensione probabilmente la considera quotidianamente quando prende le medicine. Si tratta di una persona emotivamente coinvolta perché potrebbe morire a causa di questa malattia. Sono alla ricerca disperata di una cura o, per lo meno, di un sollievo dagli effetti negativi del farmaco.

Questo pubblico è abbondante nelle nicchie che si occupano di salute, relazioni o ricchezza.

Individuare un pubblico è semplice. Trovare un pubblico affamato di qualcosa richiede uno sforzo maggiore.

Un metodo per determinare il desiderio di questo pubblico è osservare ciò che acquista. Questo può essere fatto online visitando Amazon ed esaminando i prodotti più venduti in una determinata categoria.

Oppure si possono sfruttare le decine di migliaia di dollari che altri hanno speso in ricerche di mercato per determinare cosa offrono. Una visita al sito web dei libri "Dummies", per esempio, vi fornirà un elenco dei titoli che vendono. Questi titoli non verrebbero offerti se non vendessero.

Una volta scelta la nicchia, bisogna cercare di renderla il più specifica possibile. Ad esempio, se avete scelto il trading di azioni, potreste concentrarvi sul day trading di futures.

Concentrarsi sul day trading di futures elimina una quantità sostanziale di concorrenza e si rivolge a una clientela di nicchia. Inoltre, la parola chiave "day trading futures" riceve circa 9000 ricerche mensili.

Selezionare un prodotto.

Dopo aver selezionato una nicchia, il passo successivo è vendere qualcosa, che è la parte più semplice. Ogni produttore vende tramite affiliati, compresi Wal-Mart, Macy's e decine di migliaia di altri.

Potete cercare su Google i prodotti legati al day trading, come nell'esempio precedente, digitando "affiliato day trading". Sceglietene tre o quattro e registratevi. Riceverete un po' di spazzatura, ma acquisirete anche dei gioielli.

Il tuo blog.

Esistono molte piattaforme di blogging gratuite, come Blogspot.com, Weebley.com, e reti 2.0, come HubSpot, Squidoo e molte altre. Tuttavia, se desiderate monetizzare il vostro blog, dovreste ottenere il vostro nome di dominio e ospitarlo voi stessi.

Ci sono due giustificazioni principali per questo piccolo investimento. Innanzitutto, il sito è vostro e i termini e le condizioni di altri non vi vincolano. Potete fare tutto ciò che volete con il vostro dominio senza temere di essere rimproverati. Se stabiliscono che la vostra specialità è lo spamming, possono chiudere il vostro blog se ospitato su un dominio gratuito.

In secondo luogo, il nome del dominio stesso è essenziale per una SEO efficace. Utilizzando l'esempio del day trading, potreste cercare di acquisire daytradingfutures.com,.org o.net.

Il contenuto è il re.

Anche se disponete della nicchia più in voga e del prodotto più popolare, fallirete se i vostri contenuti mancano di valore. Non pubblicate contenuti senza senso solo per pubblicare qualcosa. Il testo deve essere grammaticalmente corretto e deve istruire o divertire il lettore. Se avete difficoltà a scrivere, dovreste appaltarlo a terzi. Diversi siti web di scrittura freelance offrono scrittori qualificati a prezzi ragionevoli.

Passi da compiere.

Una volta che il sito è attivo e funzionante, dovete continuare a fornire ottimi contenuti; questo è uno dei vantaggi di utilizzare la piattaforma di blogging gratuita WordPress per il vostro blog. Se passate un fine settimana a scrivere 15 o 20 post, potete caricarli su WordPress e programmarne la pubblicazione in un periodo specifico. In questo modo si crea un senso di crescita "naturale", che Google ama, e si ha una pausa di quasi tre settimane dalla scrittura.

Potreste rimanere un po' sconcertati nello scoprire che non è sempre così semplice come lo si vuol far credere; molti di coloro che vi dicono che lo è semplicemente stanno cercando di prendere i vostri soldi. Ci sono approcci semplici e difficili per svolgere un compito come qualsiasi altra cosa.

Fare le cose nel modo più difficile può portare alla frustrazione e all'abbandono dell'impresa.

Uno dei motivi per cui fare soldi con i siti web di blog è semplice è che consentono a chiunque di pubblicare rapidamente contenuti su Internet. Questo vale sia per chi lavora online da molto tempo sia per i tecnofobici.

La maggior parte degli attuali software per blog è gratuita e stupidamente semplice da installare e gestire. Seguendo le istruzioni di base, potrete iniziare a guadagnare con i siti web di blog quasi immediatamente, anche se c'è una leggera curva di apprendimento associata al lavoro in questo modo su Internet.

Per prima cosa è necessario configurare il blog. Questo può essere fatto in diversi modi, creando un sito web gratuito o, per un approccio più professionale, acquistando un dominio e un hosting. Se il vostro obiettivo è guadagnare un paio di dollari, potete farlo senza pagare su siti web come blogger.com.

Tuttavia, se volete creare un business e generare un reddito a lungo termine dai siti web dei blog, potreste voler adottare un aspetto più professionale.

Anche se l'avvio di un'attività di questo tipo richiede molto impegno, non deve essere troppo complicato. Sono disponibili molti manuali eccezionali che vi guideranno in ogni fase della procedura. Seguendo con attenzione questi passaggi, potrete avere tutto pronto e iniziare a guadagnare con i siti web dei blog nel giro di uno o due fine settimana.

La maggior parte dei blog di successo iniziano come hobby del fine settimana che poi si trasformano in attività commerciali. Un esempio di food blog è KampungboyCitygal.com, che si occupa di cucina asiatica. Il New York Times si è occupato del loro blog e di recente ha aggiunto una sezione sui loro viaggi.

Se siete abili nella scrittura e avete abbastanza contenuti per tre-sei mesi, potete ottenere una quantità sostenibile di traffico e interesse per il blog.

Una volta raggiunta una certa quantità di traffico, potete espandere il vostro blog cercando blogger ospiti o recensendo articoli di altri blogger.

I blogger di successo possono guadagnare soldi pubblicizzando i loro siti o pubblicando recensioni di prodotti che i loro lettori possono trovare utili. Inoltre, i loro blog possono ottenere un pubblico significativo, che si traduce in un lucroso contratto per la pubblicazione di un libro con un importante editore.

4. Custode della casa.

Molte persone stanno cambiando radicalmente la loro vita per diventare custodi a tempo pieno di tenute, fattorie, ranch o addirittura riserve naturali. La professione di badante esiste da millenni e non è una novità.

Tuttavia, l'era moderna ci ha offerto la possibilità di viaggiare in aereo e di comunicare attraverso Internet e i giornali. Queste due possibilità hanno portato alla ribalta il caregiving come opportunità per tutti.

Sono molte le situazioni che richiedono i servizi di una badante, la più comune delle quali è l'acquisto di una seconda o addirittura terza casa a causa di un lavoro. I genitori non lasciano più i figli con una tata o un parente quando viaggiano, ma li portano con sé.

Questo ha spinto molte persone ad acquistare una seconda casa. Queste persone non sono disposte ad affittare la loro seconda proprietà. Desiderano avere la possibilità di tornare in qualsiasi momento.

Altri acquistano seconde case in destinazioni turistiche popolari. Questi individui non sono interessati a un semplice investimento immobiliare. Questa proprietà per le vacanze viene acquistata per offrire un invito aperto a parenti e amici che desiderano visitarla in qualsiasi momento.

È risaputo che le persone vivono più a lungo rispetto al passato. Il proprietario di un'azienda agricola, di un ranch o di una locanda può assumere un lavoratore più giovane che lo assista nella gestione della proprietà. I figli adulti possono avere una propria occupazione o non desiderare di svolgere un ruolo così attivo nella gestione dell'azienda di famiglia.

È noto che i premi assicurativi per le seconde case sono più alti di quelli per la residenza primaria. Questo aumento è dovuto alla consapevolezza delle compagnie assicurative che le seconde case sono tipicamente sfitte. In queste residenze aumentano le probabilità di effrazione, allagamento o incendio. Questi gruppi stanno scoprendo che l'impiego di un custode soddisfa le loro diverse esigenze.

L'assunzione di un custode può ridurre marginalmente le tariffe assicurative, a seconda della compagnia assicurativa.

Coloro che assumono un custode scoprono anche di risparmiare nel tempo. Avere una persona in loco che si occupi della manutenzione ordinaria, dell'identificazione di eventuali problemi e delle riparazioni non appena questi emergono è molto più conveniente che assumere un aiuto esterno per un'impresa importante.

Inoltre, le loro case e i loro beni sono protetti da potenziali furti, vagabondi e giovani che scelgono di bighellonare. I custodi possono essere assunti a breve o a lungo termine.

Le persone o le famiglie che forniscono servizi di custodia sono alla ricerca di un cambiamento di ritmo. In genere, sono abitanti della città che desiderano cambiare atmosfera e stile di vita per le loro famiglie e per loro stessi.

Alcune persone non lavorerebbero mai con gli animali o in una riserva naturale. Alcuni potrebbero non essere in grado di migrare in luoghi remoti o rurali. La vocazione del caregiving offre loro delle porte.

In genere, i custodi sono pensionati. L'esigenza di sentirsi utili, il desiderio di una seconda professione e la possibilità di perdersi in un nuovo ambiente attraggono i pensionati verso il caregiving.

Le loro precedenti esperienze di vita saranno utili quando entreranno nel settore del caregiving.

L'impiego come badante è garantito a chiunque sia abile nella gestione del territorio, nel giardinaggio, nella manutenzione e nella cura degli animali. Il lavoro di badante in un ostello o in una locanda potrebbe essere una valida alternativa per chi ha esperienza nella delega, nella gestione e nel servizio al cliente.

Negli ultimi anni, per i pensionati sarebbe stato impossibile seguire i propri obiettivi e trasferirsi in una regione prescelta. Tuttavia, non è più così. Chi ha sempre desiderato coltivare la propria terra, lavorare con gli animali o risiedere su una spiaggia esotica può raggiungere questi obiettivi attraverso il lavoro di cura.

Anche le giovani famiglie trovano opportunità di lavoro come badanti. Molti grandi proprietari di immobili, ranch e riserve naturali assumono genitori di bambini piccoli per assistere nella manutenzione del sito. I genitori scelgono di trasferirsi per insegnare ai figli parti diverse del mondo e nuovi modi di vivere o per farli uscire dalla città e avvicinarli alla natura.

Un aspetto essenziale per comprendere il caregiving è che si tratta di un'attività di svago. Non è come il mondo del lavoro e non bisogna preoccuparsi di vivere sotto la sorveglianza di un datore di lavoro dittatoriale.

La maggior parte dei proprietari non è nemmeno presente, mentre coloro che comprendono il valore della solitudine e di un ambiente tranquillo lo sono. L'ambiente permette ai custodi di viaggiare al proprio ritmo e di godere di tutti i suoi vantaggi.

L'affitto gratuito è il principale vantaggio concesso ai custodi. Questo permette ai pensionati di risparmiare, pagare l'istruzione dei figli o coprire altre spese domestiche. L'affitto gratuito aiuta anche le giovani famiglie che stanno risparmiando per acquistare una casa. In questo ambiente rilassato, gli assistenti devono essere molto indipendenti, motivati e in grado di lavorare autonomamente.

A seconda dell'impiego, può essere previsto un piccolo stipendio o una retribuzione, oltre all'assicurazione sanitaria. In genere il badante si fa carico delle spese di trasloco, ma il proprietario può occasionalmente coprire questi costi.

Le responsabilità di un badante variano a seconda del luogo in cui si trova.

Tuttavia, le priorità principali di tutti i custodi sono l'integrità e la passione per l'ambiente. Lavorare in un allevamento di cavalli, in un ranch o in una riserva naturale richiede una passione per gli animali.

I custodi di ostelli o locande devono avere una passione per le persone e per il servizio al cliente. A seconda degli interessi e delle aree di competenza del custode, è possibile individuare un proprietario adatto.

La maggior parte dei proprietari è disposta a formare una persona con cui ha un rapporto di fiducia, che considera affidabile e che ha un potenziale. I proprietari preferiscono assumere una persona che ritengono affidabile piuttosto che una persona con una pagina di referenze che sospettano essere un truffatore. È inoltre fondamentale ricordare che le persone che non si considerano esperte in settori specifici potrebbero intraprendere una carriera come caregiver.

Il caregiving è un metodo eccellente per i pensionati di trascorrere gli anni d'oro. Il ritmo tranquillo e rilassante, l'ambiente naturale e l'alloggio gratuito offrono un'esperienza che cambia la vita, mai provata prima. Il caretaking è adatto anche per aprire un ranch, una locanda o un'attività di pesca.

Offre agli studenti la possibilità di imparare risparmiando. Le famiglie traggono vantaggio dagli ambienti rurali e dalla capacità di instillare nei bambini la passione per la terra e gli animali. Il denaro risparmiato per l'alloggio può essere investito in una casa futura o nell'istruzione dei figli.

L'accordo di custodia è vantaggioso sia per il proprietario che per il custode. I rapporti rivelano che c'è un crescente bisogno di custodi in tutto il mondo.

Stabilire un buon legame tra il proprietario e il custode è possibile. Internet e i giornali possono essere utilizzati per localizzare i proprietari e i custodi.

Se riuscite a dimostrare di essere un home sitter affidabile, questa è un'ottima opportunità per guadagnare e risparmiare sull'affitto. Questa possibilità è più efficace durante l'estate, quando le persone viaggiano per lunghi periodi e hanno bisogno di qualcuno che si occupi della loro proprietà o dei loro animali domestici.

Un mio amico fa questo lavoro estivo durante l'università. Oltre a guadagnare con il servizio di house-watching durante l'estate, ha anche risparmiato sull'affitto dell'alloggio universitario.

5. Servizi di pulizia.

Al giorno d'oggi, i servizi di pulizia della casa sono estremamente popolari. Poiché le persone sono sempre più impegnate, hanno bisogno di persone che si prendano cura delle loro case; pertanto, le pulizie domestiche professionali sono un metodo fantastico per guadagnare nell'era moderna. L'aspetto migliore è che l'investimento finanziario necessario è minimo; tutto ciò che serve sono le capacità di pulizia della casa e un grande impegno.

Prima di iniziare, assicuratevi di avere l'attrezzatura necessaria. Innanzitutto, avrete bisogno di materiale per la pulizia. Prendete in considerazione marchi affidabili ed efficienti, in grado di portare a termine il compito con poco sforzo.

Quindi, raccogliete tutto il materiale di pulizia necessario. Alcuni clienti portano i loro prodotti per la pulizia, mentre altri vogliono che lo facciate voi. In entrambi i casi, è preferibile avere tutte le basi coperte. Inoltre, assicuratevi di avere accesso ai mezzi di trasporto.

Una volta pronti a lanciare la vostra impresa di pulizie professionali, potete iniziare a commercializzare i vostri servizi. Uno dei modi migliori per iniziare è utilizzare la vostra rete di contatti. Chiedete ai vostri conoscenti se sono interessati ai vostri servizi. Potreste offrire loro prezzi più convenienti e chiedere che vi segnalino ad altri conoscenti. In definitiva, il passaparola è un formidabile strumento di marketing.

Per ampliare il vostro pubblico, avrete bisogno di un accesso a Internet e di un computer. Commercializzare i vostri servizi di pulizia professionale online è una strategia fantastica per raggiungere direttamente i clienti e per facilitare i contatti con i potenziali clienti. Internet trabocca di richieste che potete soddisfare, quindi non dovrete fare ulteriore lavoro di marketing dopo aver diffuso la notizia.

Lo svantaggio della pubblicità su Internet è che potreste ricevere consumatori in regioni remote, che potreste non essere disposti a raggiungere in auto. Di conseguenza, se volete mantenere la vostra attività a livello locale, almeno per il momento, potete utilizzare strategie di marketing più convenzionali, come la stampa di volantini e biglietti da visita. Se siete disposti a spendere un po' di soldi, potete fare pubblicità sul giornale locale.

Quando la vostra clientela si espande, potete prendere in considerazione l'idea di affiancare alla vostra impresa di pulizia professionale un partner. Un socio velocizzerà il processo di pulizia e vi permetterà di programmare altri clienti. Inoltre, la presenza di un compagno aumenta la vostra sicurezza.

Dopo tutto, quando si trascorre una quantità ragionevole di tempo in casa di un estraneo, c'è sempre la possibilità che si verifichino scenari dannosi. Dovreste sempre avere un telefono cellulare se non riuscite a trovare qualcuno che vi assista.

I servizi di pulizia sono un'ottima attività da avviare nel fine settimana. La maggior parte delle persone che lavorano tutta la settimana odia pulire e imballare la propria casa. In questo caso, potete guadagnare denaro extra svolgendo piccoli compiti come il bucato e i servizi di pulizia di base. Potete farvi pagare a ore o fornire servizi di pulizia settimanali in pacchetti.

Ad esempio, si può chiedere un compenso di $xx all'ora per i servizi di pulizia della casa. Potete essere pagati in anticipo se il cliente si impegna a fornire quattro servizi di pulizia mensili. Inoltre, potreste ricevere un compenso per i servizi di manutenzione di base, se la casa che state pulendo necessita anche di servizi come lo shampoo per i tappeti o l'impianto idraulico.

6. Servizi di verniciatura residenziale.

Uno dei vantaggi della gestione di un'impresa di pittura è la flessibilità che può offrire. È possibile lavorare solo tre o quattro giorni alla settimana e guadagnare tra i 50.000 e i 600.000 dollari all'anno, dato l'elevato potenziale di guadagno.

La tinteggiatura di case è una delle poche attività a prova di recessione che può mettere la sicurezza finanziaria a portata di mano di molte persone. Non ci sono requisiti scolastici formali e per avere successo sono necessarie solo le abilità fondamentali di verniciatura e commerciali. (la maggior parte delle quali può essere appresa con un corso di formazione a domicilio sullo sviluppo di un'attività di imbianchino).

In genere, un imbianchino ha bisogno di un lavoro fisico relativamente minimo, che può essere svolto da uomini, donne e persone di qualsiasi età. La pittura può essere impiegata come fonte di reddito a tempo pieno o part-time.

Oltre alla possibilità di ottenere rapidamente un reddito professionale, possedere un'impresa di pittura dà la soddisfazione e l'orgoglio che derivano dall'essere lavoratori autonomi e indipendenti. Per non parlare della gioia immediata che si prova ogni volta che si porta a termine un lavoro, si aggiunge un altro cliente soddisfatto alla propria lista e si versa un assegno sostanzioso sul proprio conto in banca, sempre in crescita. È un lavoro piacevole!

Dedicate un po' di tempo ad acquisire informazioni da fonti affidabili sulla promozione della vostra impresa di verniciatura e sulle offerte e stime di progetti di verniciatura, o quello che io chiamo il "lato commerciale" dell'attività di verniciatura.

I nuovi titolari di imprese di verniciatura mi chiedono regolarmente: "Che tipo di lavori devo fare?". Si tratta di una domanda legata al marketing. La mia risposta è sempre la stessa. Iniziate con la ricerca di progetti di pittura domestica. Sono numerosi e sono i lavori più semplici da dipingere, che offrono enormi margini di profitto e pochi costi generali.

Il mercato delle ridipinture residenziali è inestinguibile; in questa sezione dell'industria della pittura c'è abbastanza lavoro da tenere gli imbianchini occupati e redditizi per tutta la vita.

Un altro straordinario vantaggio che rende interessante l'avvio di un'impresa di pittura è che non è necessario un investimento iniziale significativo. Uno dei miti più diffusi sull'espansione di un'attività di pittura redditizia è che bisogna investire migliaia di dollari in pubblicità per ottenere clienti.

Si può costruire una fiorente attività di verniciatura basandosi solo sui referral, senza quasi nessuna promozione tradizionale. Questo non è vero, soprattutto se ci si concentra su ritocchi residenziali. Anche chi parte da zero può avviare la propria attività di verniciatura e produrre denaro in sette giorni o meno, con un budget di soli 250 dollari, grazie ad alcune semplici procedure.

Questi sono alcuni dei motivi per cui la creazione di un'impresa di verniciatura suscita l'interesse di così tante persone e perché si colloca costantemente tra le migliori piccole imprese da avviare.

Se avete un pennello e un fine settimana libero, potete avviare un servizio di imbiancatura per anziani o per agenti immobiliari che desiderano abbellire le case dei loro clienti prima di venderle. Non ci si rende conto di quanta autorità si possa ottenere semplicemente ridipingendo una stanza.

Si tratta di un'impresa semplice ma efficace, che potete avviare affiggendo volantini nel vostro quartiere o contattando gli agenti immobiliari le cui informazioni di contatto possono essere pubblicate accanto ai loro immobili in vendita, se hanno bisogno di imbianchini per abbellire la loro proprietà prima di presentarla ai potenziali acquirenti.

7. Servizi di dog walking.

Un'attività di dogsitter può essere un modo divertente e redditizio per guadagnare da casa. Un dog sitter professionista porta a spasso regolarmente i cani dei clienti, da solo o in gruppo. La domanda di questi servizi è in crescita perché molte famiglie hanno un'agenda fitta di impegni e non possono far fare esercizio ai loro cani perché sono fuori casa tutto il giorno. L'esercizio fisico è fondamentale per una corretta cura degli animali domestici e molti proprietari si affidano agli accompagnatori per cani.

L'avvio di un'attività di dog sitter presenta numerosi vantaggi. L'affetto genuino per i cani e la resistenza fisica per portarli a spasso sono le uniche capacità richieste. L'impegno e l'affidabilità nel portare a spasso i cani sono fondamentali. Potete trovare molte informazioni sulla cura dei cani e sul loro comportamento nei libri o nei siti web correlati disponibili presso la vostra biblioteca locale.

Le spese di avviamento sono modeste. Potreste aver bisogno di acquistare guinzagli di alta qualità, palette per gli escrementi e sacchetti. Di solito si consiglia l'acquisto di un'assicurazione di responsabilità civile. Inoltre, potrete mantenere la vostra salute e la vostra forma fisica mentre guadagnate denaro! Con un servizio di dogsitter, i costi di gestione saranno bassi e il potenziale di profitto è elevato.

Prima di iniziare questa attività a domicilio, è necessario organizzare alcuni dettagli. Dovete pianificare gli itinerari e le passeggiate quotidiane. Determinate i luoghi migliori per portare a spasso i cani e tracciate itinerari di trenta minuti. È necessario stabilire le tariffe. Informatevi sulle tariffe applicate dalle altre imprese di dogsitter nella vostra zona.

Scegliete il tipo di passeggiate per cani che offrirete, come passeggiate private o di gruppo, il numero di passeggiate a settimana, ecc. Se siete alle prime armi, potete acquisire un'esperienza rilevante facendo volontariato per portare a spasso i cani presso i rifugi per animali locali e le organizzazioni di salvataggio dei cani. Questo vi permetterà di fare esperienza nella gestione di una varietà di cani e vi darà la fiducia e la credibilità necessarie per ottenere lavori di dogsitteraggio retribuiti.

È possibile trovare lavori di dog walking con un piccolo budget per il marketing e la pubblicità. Progettare e stampare volantini accattivanti e informativi è un metodo economico per pubblicizzare i vostri servizi per animali domestici. Distribuite questi volantini nella vostra comunità per attirare nuovi clienti.

Affiggete i manifesti negli uffici e nelle comunità di riposo per raggiungere i professionisti e gli anziani più impegnati che probabilmente assumeranno un dog sitter. I proprietari di animali in vacanza hanno spesso bisogno dei servizi di un dog sitter. Affiggete i vostri volantini nelle bacheche delle comunità.

Gli uffici veterinari, i servizi di toelettatura e i negozi di articoli per animali sono altri luoghi utili per affiggere i volantini. Se fornite un servizio eccellente e affidabile, sarete stupiti dal numero di referenze che riceverete dopo aver acquisito i primi clienti.

Questo è un ottimo posto di lavoro se vi piacciono i cani e siete puntuali. Per iniziare, potreste affiggere dei manifesti nella bacheca della comunità o chiedere a vicini e amici delle referenze. Ad esempio, se portate a spasso un cane per $x, potete chiedere se i proprietari vi permettono di portare a spasso anche l'altro cane.

In questo modo potete raddoppiare rapidamente le vostre entrate. È possibile aggiungere ulteriori flussi di reddito a questa attività ottenendo referenze per i servizi di cura degli animali domestici o scrivendo articoli per riviste dedicate ai proprietari di animali domestici a un prezzo nominale.

Il primo passo per un'attività di successo è agire e iniziare. Questo fine settimana vi abbiamo dato cinque idee per stimolare il vostro interesse e mettervi in moto.

8. Attività di distributori automatici.

Il business dei distributori automatici! Cosa attira gli individui? Certamente il guadagno, e il fatto che si tratti di un'attività che si svolge solo in contanti la rende molto più attraente. Ciò significa che non verranno inviate fatture alle aziende. Basta ricaricare le macchine e ritirare i contanti!

Ci sono alcune considerazioni da fare prima di tuffarsi in questa attività, anche se sembra e di fatto è fantastica. Una cosa da ricordare è che si tratta di un'attività che richiede un certo impegno e capacità.

Lavoro e competenza vanno di pari passo. È semplice riempire un distributore di bibite. Dopo averlo fatto un paio di volte, diventa semplice, ma che dire dell'individuazione dei luoghi in cui posizionare il distributore automatico?

Questo è l'aspetto della competenza a cui mi riferivo! Occorre pazienza e perseveranza per individuare i luoghi e concludere la vendita. C'è una procedura che si svolge dal momento in cui si incontra o si contatta il potenziale cliente fino al momento in cui si installano le macchine.

Questa trasformazione non avviene da un giorno all'altro! Può durare una settimana o molti mesi. Dipende soprattutto dall'arco di tempo in cui il cliente intende utilizzare i distributori automatici.

Tuttavia, se vi attenete al vostro cliente come se fosse una colla, continuando a seguirlo e assicurandovi che abbia le informazioni di cui ha bisogno, riuscirete a chiudere più vendite di quanto possiate immaginare!

Riuscite a trovare una soluzione al loro dilemma?

Potete fare qualcosa di diverso da tutti gli altri? Prima di acquistare un distributore automatico, fate una ricerca essenziale. In questo modo eviterete molti grattacapi lungo la strada.

Questa attività può aiutarvi a raggiungere l'indipendenza se iniziate nel modo giusto. Quindi leggete tutto quello che potete e fate più ricerche possibili prima di buttarvi a capofitto!

Alcuni individui sono stati vittime di truffatori che desiderano offrire macchine a prezzi eccessivi e appropriarsi dei vostri soldi duramente guadagnati. Non fatevi ingannare!

Trovate un distributore di distributori automatici affidabile nella vostra zona e acquistate da lui prima di comprare unità a un seminario. Iniziate a costruire una macchina alla volta e imparate man mano.

Se non acquistate un distributore automatico già avviato, lo sviluppo della vostra attività richiederà del tempo.

E se vi dicessi che se perseverate e vi dedicate all'espansione della vostra attività di vending una macchina alla volta, potreste guadagnare più di quanto guadagnate con il vostro lavoro a tempo pieno?

Permettetemi di raccontarvi una piccola storia.

Quando sono entrato in questo settore lavoravo a tempo pieno come autista di autobus urbani. Durante la transizione verso un nuovo settore di lavoro, un mio collega mi chiese di assumermi la responsabilità di ricaricare il distributore di bibite dell'ufficio.

Ho notato subito che, vendendo alcune casse di bibite, guadagnavo dai 75 ai 100 dollari a settimana. Questo ha suscitato il mio interesse! Pertanto, ho contattato un distributore automatico che poteva vendermi delle macchine.

Da qui è iniziato tutto per me, quando ho iniziato a lavorare part-time. Sono andato da un'attività all'altra, bussando alle porte e chiedendo il permesso di installare un distributore di bibite.

Dato che abbiamo già delle macchine, devo ammettere che ho ricevuto alcune risposte negative. Tuttavia, e questo è un grande ma, alcune persone lungo la strada hanno risposto di sì! Così, spostandomi da un posto all'altro, ho ampliato gradualmente la mia attività, una macchina alla volta.

Man mano che si spargeva la voce che ero in attività, ho iniziato a ricevere referenze lungo il percorso. Poi ho iniziato a spingere la mia attività al livello successivo, reinvestendo i miei profitti e facendo pubblicità al mio target demografico.

È stato allora che le cose hanno cominciato a prendere forma! Quando riuscite a fare marketing per i vostri clienti potenziali, in modo che siano loro a contattarvi per primi, chiuderete più transazioni, otterrete più affari e guadagnerete di più.

Come ho fatto a raggiungere questo obiettivo?

Con il duro lavoro, la perseveranza e la mentalità del "non mi arrendo", sono riuscito a raggiungere questo obiettivo. Vi dirò che lo studio e l'approfondimento di questa azienda mi hanno aiutato a raggiungere il successo..

9. eBay e Craigslist.

Inizialmente, eBay e Craigslist erano risorse eccellenti per ottenere un reddito immediato. Oltre tre milioni di persone si affidano a eBay come fonte primaria di reddito e di approvvigionamento di merci. Alcuni individui guadagnano denaro extra acquistando oggetti da questi siti web e rivendendoli a un prezzo maggiore. Perché non dovreste studiare questa opzione?

Un sito web è anche un bancomat! A gennaio vedevo questa impresa come "fuori dalla mia portata". Mi sbagliavo di grosso! Chiunque può creare un sito web e iniziare a guadagnare in poche ore! Questo concetto non deve intimorirvi. È facile costruire il vostro sito web.

Infine, se non vi piace sviluppare il vostro sito web, molte persone sono disposte a pagarvi per commercializzare il loro! Se non lo sapete, cercate su qualsiasi motore di ricerca "affiliate marketing" per saperne di più. Questa attività può fruttare fino a mille dollari alla settimana senza spese di avviamento. Il segreto è scoprire un programma che paga in base a una percentuale delle vendite.

Ci sono programmi che pagano poco, ma anche programmi che pagano molte centinaia di dollari per ogni vendita. Prima di iscriversi a un programma di affiliazione, è sufficiente esaminare la struttura dei compensi e stabilire se vale la pena promuoverlo. Questo vi darà l'opportunità di costruire l'attività ad alto profitto che desiderate. Dedicate una giornata a studiare questa possibilità.

10. Lo scambio incontra il marketing.

In città e paesi di tutte le dimensioni in tutto il Paese si tengono regolarmente mercatini delle pulci e incontri di scambio, ognuno dei quali attira centinaia, se non migliaia, di cacciatori di occasioni.

Possono tenersi nel cinema drive-in locale, in enormi parcheggi, magazzini, parchi o centri comunitari - ovunque ci sia spazio sufficiente per allestire stand e attirare un pubblico.

Nella maggior parte dei casi, questi concorsi si tengono nei fine settimana, anche se in altre regioni possono iniziare il giovedì e durare quattro giorni. Le riunioni di scambio e i mercati delle pulci sono divertenti, redditizi e rappresentano un ottimo modo per avviare un'attività. Molte persone che hanno iniziato con le vendite agli Swap Meet sono passate a costruire negozi di souvenir o imprese di vendita per corrispondenza di dimensioni considerevoli.

Secondo il team di FAR HORIZONS Business Coaching, esistono tre varietà uniche di incontri di scambio.

Nota: (Per semplicità, da questo momento in poi, quando ci riferiamo a "Swap Meets", intendiamo anche mercati delle pulci, fiere dell'artigianato ed eventi simili, come spiegato di seguito.)

1. Incontri di scambio all'aperto.

In termini di merce, i mercatini sono tipicamente diversi. Si può trovare di tutto, dagli impianti stereo di fascia alta ai gioielli di design, fino alle famiglie che ripuliscono il garage della zia Emma da vecchi attrezzi, giocattoli e altri pezzi. In genere, questi eventi attirano persone in cerca di sconti e offerte sostanziali.

2. Centri commerciali al coperto.

Questi eventi attraggono in genere un tipo di commerciante più esperto. Le esposizioni tendono ad avere un aspetto più ordinato e la qualità della merce è spesso più elevata durante l'intero evento. Ci possono essere stand invece di tavoli e ogni commerciante preferisce specializzarsi in particolari aree di prodotto.

3. Mostre dell'artigianato.

Possono essere organizzate al chiuso o all'aperto, come parte di un carnevale locale o in parchi, eventi di raccolta fondi, fiere di contea o altri eventi di natura simile. In genere, i venditori espongono i loro articoli in stand e, a seconda della regione, i prodotti possono variare da quelli fatti in casa a quelli più costosi. Le opzioni possono variare da quelle casalinghe a quelle costose (o casalinghe e costose).

Non dimenticatelo quando preparate le valigie per l'incontro di scambio.

Nel corso degli anni, decine di venditori di Swap Meet di successo ci hanno detto che le due cose più essenziali che potete portare con voi sono:

1. Un'indole ottimista.

2. Una disposizione a negoziare e a "giocare la partita".

Un membro commenta: "Le persone vengono ai Swap Meets sperando di fare un affare e ci vanno perché è piacevole. Quindi mantengo un atteggiamento positivo e sono sempre disposto a negoziare.

Ho in mente un prezzo di base e non scendo mai al di sotto di esso, ma sono sempre pronto a negoziare un po' sulla cifra richiesta inizialmente. In questo modo il mio acquirente è soddisfatto dell'acquisto e io mantengo un buon margine di profitto. Entrambi ne traiamo vantaggio".

Indipendentemente dal tipo di Swap Meet che si sceglie di organizzare inizialmente. È necessario eseguire alcune semplici operazioni fondamentali prima, durante e dopo l'evento.

Cominciamo con. Questo è l'inizio!

ECCO ALCUNE COSE DA FARE PRIMA DI INIZIARE.

1. Se non lo sapete già, scoprite dove si trovano gli swap meeting locali. Non dovrebbe essere troppo difficile, dato che le riunioni vengono pubblicizzate sui giornali locali e sulle pubblicazioni gratuite negli scaffali dei negozi di alimentari. Gli incontri più piccoli potrebbero non essere pubblicizzati, ma dovreste essere in grado di trovarli contattando i drive-in vicini o sfogliando l'elenco telefonico.

2. Successivamente, fate personalmente un sopralluogo della competizione. Osservate i tavoli e gli stand dal punto di vista di un commerciante. Che cosa hanno i commercianti? E soprattutto, cosa non hanno? Quali sono i loro prezzi?

3. Prenotate un tavolo (o uno stand, a seconda dei casi). Contattate il responsabile dell'incontro, che vi fornirà informazioni sui prezzi e un elenco delle regole e delle restrizioni a cui dovete attenervi quando commercializzate all'incontro.

A seconda dell'incontro, il costo dell'affitto di uno spazio a uno Swap Meet varia da pochi dollari al giorno a molto di più. Cercate di iniziare con un incontro a basso costo e ben frequentato per ridurre al minimo l'esborso finanziario iniziale.

4. Selezionate gli articoli desiderati. Lo staff di Business Coaching di FAR HORIZONS suggerisce di iniziare con un valore di 450-750 dollari di merce (ovvero il costo effettivo).

5. Preparate le altre forniture.

A seconda dell'evento, è possibile che sia necessario portare tutti o alcuni dei seguenti elementi:

1. Un minimo di un tavolo pieghevole.

2. Una cassa contenente dollari e spiccioli.

3. Sedie pieghevoli

4. Una tovaglia immacolata.

5. Un grande ombrello, un telo o un'altra protezione solare per i vostri clienti (e per voi stessi).

6. Un po' di plastica trasparente per proteggere i vostri articoli dalle precipitazioni (ovviamente, questo vale per gli incontri all'aperto).

7. Un listino prezzi giallo, in modo da determinare il prezzo di base quando è il momento di negoziare.

8. Molti biglietti da visita.

9. Alcuni cataloghi, opuscoli, volantini sui nuovi arrivi o altro materiale promozionale per aumentare le vendite.

10. Un registro degli ordini dei clienti che consenta di scrivere le ricevute e di registrare i nomi, gli indirizzi e i numeri di telefono dei clienti.

11. Una calcolatrice.

12. Un timbro di gomma per firmare gli assegni.

IMPORTANTE.

Fate tutto il possibile per raccogliere il maggior numero di informazioni possibili su ogni consumatore. Oltre al nome, all'indirizzo e al numero di telefono, cercate di ottenere l'indirizzo e-mail del cliente, il numero di fax e i dati della carta di credito, a patto che abbiate un conto commerciale.

ARRIVA IL GRANDE GIORNO.

Se siete ben preparati, il giorno del concorso dovrebbe procedere piuttosto bene. Certo, avrete molto lavoro da fare, ma vi divertirete anche, soprattutto quando comincerete a fare vendite e a guadagnare denaro!

Ecco cosa si deve fare il primo giorno a un mercatino dell'usato:

1. Spegnete la sveglia, svegliatevi, fatevi una doccia e muovetevi (abbiamo detto che si tratta di un'istruzione passo dopo passo, giusto?).

2. Quando arrivate al raduno, individuate il vostro posto e sistematelo. Il video del programma fornisce esempi di allestimento corretto e scorretto. Provate l'allestimento a casa per pianificare l'esposizione più accattivante prima di arrivare alla convention.

3. Determinate la vostra "linea di fondo" o il prezzo più basso accettabile per ogni articolo. Il

nostro staff di Business Coaching suggerisce come buona regola 1,5 volte il vostro costo.

4. Preparatevi ad accettare assegni. Verificate l'indirizzo e il numero di telefono attuali e, se possibile, includete la patente di guida o il numero di identificazione sull'assegno. Molti consumatori preferiscono questo metodo di pagamento e i venditori segnalano un numero trascurabile di assegni "scoperti".

5. È necessario registrare il nome, il numero di telefono, il numero di fax e l'indirizzo e-mail di ogni cliente (il maggior numero possibile).

6. Potete avere bisogno di un partner che vi aiuti a gestire il registratore di cassa mentre voi vi occupate delle vendite.

Ci sono alcuni compiti essenziali da portare a termine dopo la conclusione di uno Swap Meet e prima dell'inizio del successivo.

1. Create la vostra mailing list aggiungendo tutti i nomi dei consumatori raccolti alla vostra mailing list. Questi diventeranno nel tempo un elemento integrante delle vostre attività di marketing di follow-up.

2. Pianificare/attuare gli invii - In base alle dimensioni della vostra lista, dovrete iniziare a inviare gli invii di follow-up ai vostri clienti.

Questo copre le basi del marketing per gli Swap Meet, ma la cosa più importante è divertirsi. Molti venditori amano coinvolgere le loro famiglie (compresi i loro figli) e trascorrere del tempo prezioso lavorando per un obiettivo comune durante i fine settimana.

Il marketing degli Swap Meet è divertente, gratificante e può essere realizzato con poche ore di impegno settimanale. Una manciata di venditori unisce l'attività al divertimento, viaggiando da uno Swap Meet all'altro in tutto il Paese. Utilizzano i profitti di ogni fine settimana per finanziare il viaggio e acquistare altri prodotti per l'incontro successivo!

11. Babysitteraggio.

Tutte le madri hanno bisogno di un giorno lontano dai loro figli e dalle esigenze della vita quotidiana; pertanto, potete sfruttare il desiderio di altre madri di stare da sole. Non crediate nemmeno per un secondo di essere sole, perché non lo siete. Molte madri non sopportano i loro figli; se questo vi descrive, potete essere proprio quello che stanno cercando.

Il babysitting nei centri commerciali può essere divertente e redditizio. A volte i clienti più impegnati si stancano di trascinare i loro figli da un negozio all'altro. E a volte, tutto ciò che i bambini desiderano è un breve pisolino.

Se avete esperienza come babysitter o avete gestito un asilo nido, potreste divertirvi e guadagnare soldi facili occupandovi dei bambini mentre i loro genitori fanno shopping al centro commerciale. Tutto quello che dovete fare è rivolgervi ai servizi del centro commerciale; ci sono quasi sempre negozi vuoti e il centro commerciale ha un'ottima sicurezza.

Il negozio può facilmente installare dei monitor per garantire la sicurezza dei bambini. Possono anche organizzare la presenza di un addetto alla sicurezza. Saranno entusiasti di poter convincere i genitori a fare acquisti, e voi vi divertirete e guadagnerete facilmente osservando i bambini.

I bambini sono stanchi di essere portati al negozio, hanno fame e sono irritabili. Un luogo sicuro e protetto in cui i genitori possano lasciare i loro figli mentre fanno la spesa sarebbe un'ottima comodità.

Produrre una copia. Quando i genitori lasciano i loro figli, fate una copia della loro patente di guida e, quando tornano a prenderli, chiedete loro di presentare l'originale. In questo modo si tutelano voi e il centro commerciale.

Se il centro commerciale installa delle telecamere nel negozio, nessuno potrà accusarvi di aver commesso un illecito. I bambini hanno una piacevole pausa. E voi guadagnate denaro divertendovi.

Provate quello che ho fatto io se avete bisogno di soldi subito o entro un'ora. Oggi sto guadagnando più soldi di quanti ne guadagnassi con la mia precedente attività e potrete farlo anche voi, se cliccate sul link qui sotto e leggete l'incredibile storia vera. Dopo l'iscrizione ho avuto solo dieci secondi di sospetto prima di capire di cosa si trattasse. Anche voi sarete raggianti da un orecchio all'altro, come lo sono stato io.

12. Vendi la cena.

Potrebbe essere necessario un permesso, ma non è un grosso problema. Ogni madre sa che il fine settimana è il suo tempo libero dalla cucina; quindi, dovete preparare e consegnare i pasti alle famiglie che avete in programma.

In un fine settimana normale, potreste guadagnare molte centinaia di dollari e la cosa più bella è che non dovrete mai lasciare la vostra casa se non per la parte di consegna.

13. Sondaggio a pagamento.

Un lavoro online per il fine settimana può aiutarvi a guadagnare 200 dollari o più senza mai uscire di casa. L'aspetto più bello è che non c'è nessuna procedura di colloquio o altre stronzate del genere. È sufficiente lavorare quanto si vuole e il denaro guadagnato viene trasferito sul proprio conto non appena il lavoro viene completato.

Molti individui che hanno scoperto di apprezzare i soldi extra di un lavoro online per il fine settimana hanno scoperto di guadagnare di più rispetto al loro lavoro regolare. Con solo un paio d'ore nel fine settimana, è possibile guadagnare altri 250 dollari o più. Se si lavora con costanza il sabato e la domenica, alla fine del mese si avranno 2.000 dollari in più per pagare le bollette o per divertirsi.

Tuttavia, è bene fare attenzione alle aziende che cercano di convincervi a pagare per guadagnare. Non lasciatevi ingannare. I siti web legittimi che offrono lavori per il fine settimana non chiedono un compenso. Dovrebbero compensarvi.

I siti di sondaggi retribuiti sono tra i siti di lavoro online per il fine settimana più flessibili e popolari. Molte aziende e industrie cercano sempre di ottenere il feedback dei clienti, ma è troppo costoso condurre ampie iniziative di ricerca di mercato. Pertanto, pagano persone da 5 a 50 dollari per condurre un sondaggio su Internet.

Dato che richiedono solo 5-15 minuti per essere completati, è semplice completare un gran numero di sondaggi in un solo giorno, motivo per cui le persone possono guadagnare oltre 250 dollari al giorno semplicemente condividendo la loro opinione.

L'iscrizione a un sito di sondaggi gratuiti, la ricerca nel database dei sondaggi più remunerativi e la compilazione del modulo sono gli unici requisiti. Una volta cliccato sul pulsante di invio, i vostri guadagni saranno trasferiti immediatamente sul vostro conto bancario o sul vostro conto PayPal.

14. Vendete spazio per la pubblicità sul vostro blog.

Se avete un sito web o un blog, potete fare altri soldi vendendo spazi pubblicitari su di esso. In questo fine settimana, potete rivolgervi a molte reti pubblicitarie su Internet per inserire i loro annunci sul vostro sito web.

Google AdSense è una delle reti pubblicitarie più importanti. Dopo aver presentato una richiesta e aver fatto approvare il vostro sito web, riceverete un codice da copiare e incollare per visualizzare annunci pubblicitari di contenuto rilevante.

Guadagnerete denaro quando un visitatore farà clic su un annuncio. Altre reti pubblicitarie a cui potete iscrivervi sono Chitika e TextLinkAds. È sufficiente effettuare una ricerca su Google per trovare altre reti pubblicitarie.

Inoltre, se distribuite già regolarmente una newsletter ai vostri lettori, potete ottenere altre entrate vendendo sponsorizzazioni o spazi pubblicitari sulle vostre newsletter. Ad esempio, se le vostre newsletter riguardano l'addestramento dei cani, potete rivolgervi a un negozio di animali locale o online per ottenere una sponsorizzazione in cambio di una pubblicità nella vostra newsletter.

15. Marketing di affiliazione.

Vi siete mai chiesti come fare soldi velocemente con il marketing di affiliazione? Oggi ne parliamo. In questo saggio, definirò il marketing di affiliazione e spiegherò come ottenere il massimo profitto da esso.

Dopo aver appreso le mie strategie segrete e aver capito come guadagnare con il marketing di affiliazione, posso garantirvi che non cercherete più un lavoro regolare. Perché essere un affiliato è così vantaggioso e potete scegliere quando lavorare e quando prendervi dei giorni di riposo.

Immaginate di lavorare quattro ore al giorno, come faccio io, utilizzando un computer e una connessione a Internet. Potete lavorare da qualsiasi luogo del mondo!

Come funziona questo programma di affiliazione?

In qualità di affiliato, il cliente è essenzialmente il proprietario dell'azienda, ma non è tenuto a sviluppare, immagazzinare o spedire alcun prodotto. L'azienda che fornisce il programma di affiliazione si occupa di tutto il resto. Non dovrete nemmeno preoccuparvi del servizio clienti, perché ogni rete solida lo prevede già.

Pertanto, la vostra unica responsabilità è quella di far arrivare visitatori mirati alle offerte degli affiliati. Se vi siete cimentati nel marketing su Internet, lo troverete piuttosto semplice. Non è particolarmente difficile.

Potete eseguire questa azione se avete mai consigliato qualcosa a un amico, magari un ristorante o un film da vedere. L'unica differenza è che sarete ricompensati per ogni riferimento che farete.

Per guadagnare come affiliato sono necessari pochi e semplici passaggi:

Per prima cosa è necessario scegliere il prodotto che si desidera promuovere. Dopodiché, dovete sviluppare un'offerta. Iniziate con strumenti di pubblicazione web gratuiti come Squidoo o Blogger. Sono estremamente facili da usare e si posizionano molto bene nei motori di ricerca.

Una volta terminato, potete iniziare a promuovere la vostra pagina Squidoo utilizzando article marketing, video marketing, social bookmarking e altre tecniche.

Una volta lanciate queste strategie di promozione online, si può prevedere una certa quantità di traffico verso i siti web di offerte gratuite. Ora è il momento di rilassarsi e lasciare che Internet faccia un po' di soldi per voi.

Credo che non ci sia niente di più semplice da imparare che generare reddito con il marketing di affiliazione. Pertanto, non avete nulla da perdere se vi cimentate in questa impresa.

Molte grandi organizzazioni sono pronte a versare assegni sostanziosi a chi promuove con successo i loro prodotti o servizi. Se avete già utilizzato o acquistato articoli o servizi su Internet e potete testimoniarne la qualità, potete guadagnare un reddito consistente online.

Ricevete un compenso quando le persone cliccano sui vostri link ed effettuano un acquisto. L'autrice Rosalind Gardner è una dei marketer affiliati di successo che è passata al business di Internet a tempo pieno. Il suo libro, "Make a Fortune Promoting Other People's Stuff Online", è intitolato "Make Huge Income Promoting Other People's Stuff Online". Guadagna costantemente cifre a sei zeri online da casa.

16. Casa d'aste online.

Potete mettere all'asta oggetti realizzati da voi stessi, come candele natalizie o saponi fatti in casa. Altri oggetti che si possono rivendere online per ottenere un profitto sono gli articoli economici che aggiungono valore. Per esempio, se avete trovato della carta per origami poco costosa, potete includere un eBook sui disegni di origami e mettere all'asta la carta e l'eBook su siti come eBay.

Se avete successo come banditori, potete fungere da "assistenza commerciale" per altri che desiderano vendere i loro siti. In questo modo, oltre ai guadagni delle aste, potrete ottenere altre entrate online.

Avviare un'attività nel fine settimana non interferisce con lo stile di vita della maggior parte delle persone e può portare a guadagni maggiori in futuro. Oltre a incrementare il vostro reddito, con un'attività nel fine settimana potete acquisire competenze commerciali fondamentali.

17. Freelance.

Le aziende di tutti i tipi hanno bisogno di scrittori, ma spesso preferiscono esternalizzare il lavoro piuttosto che pagare gli alti costi associati all'assunzione di uno staff a tempo pieno. Internet è una risorsa eccellente per trovare questo tipo di lavoro.

La cosa curiosa è che non è necessario essere degli scrittori provetti. Se siete in grado di scrivere frasi coerenti e di fare un po' di ricerca, spesso potete portare a termine un progetto di scrittura freelance senza difficoltà, se possedete queste competenze. Avete esperienza di scrittura o di divertimento? Ancora meglio.

Indipendentemente dal vostro livello di competenza, sono disponibili opzioni di lavoro per il fine settimana. Effettuate una ricerca online per "lavori di scrittura freelance".

18. Ricevere contanti per i vostri prodotti elettronici.

Eliminate tutti i cellulari, le fotocamere digitali, i computer portatili, i lettori MP3, i film e le videocamere obsoleti. Sono ricercati da un'azienda di nome Gazelle, che pagherà anche la spedizione.

Ho scoperto un dato sorprendente sul loro sito web: pagano ai loro clienti una media di 115 dollari. Si tratta di un meraviglioso bonus in denaro per il fine settimana per la durata della ricerca e dell'imballaggio dei vostri effetti personali.

19. Lavoro nel settore dei Dettagli auto.

L'auto detailing può essere il lavoro perfetto per il fine settimana di tutto l'anno, se volete guadagnare altri soldi nei weekend e vi piace lavorare sulle automobili.

L'avvio di un'attività di autoricambi può essere relativamente conveniente e può anche essere redditizio. È possibile avere un'occupazione secondaria affidabile e costante con pochi e frequenti clienti paganti. Se vi piace lavorare sulle automobili, non potete nemmeno considerare questa attività come "lavoro".

Se non avete familiarità con i lavori di dettaglio, dovreste informarvi sull'argomento. Visitate la libreria o la biblioteca locale e consultate i manuali di auto detailing o iscrivetevi a un corso - potete cercare online le scuole superiori.

20. Scultura di torte.

Avviare un'attività di decorazione di torte può essere molto divertente se sapete cucinare e siete creativi. Se avete un'attitudine creativa, attirerete clienti che vogliono le vostre torte uniche (che non possono trovare da nessun'altra parte). Le persone tendono a spendere di più per gli altri che per se stesse, e le cose distintive che possono piacere a molte persone di solito generano maggiori entrate.

21. Fotografia di animali.

La fotografia è un settore redditizio e la fotografia di animali domestici è una specialità specializzata che elimina una quantità sostanziale di concorrenza. Se avete un po' di abilità con la macchina fotografica e un po' di immaginazione, potete essere stupiti dal successo di questo "concetto di piccola impresa". Recentemente ho letto un articolo su un fotografo di "nicchia" di successo che fotografava esclusivamente neonati addormentati.

Create un sito web semplice e caricate esempi del vostro lavoro di "fotografia di animali", in modo che i potenziali clienti possano vedere cosa fate. Ricordate che i proprietari di animali domestici adorano i loro animali; avere un'istantanea di un animale domestico con il suo proprietario è meraviglioso. È possibile creare un regalo di compleanno unico, biglietti di Natale e persino un calendario con foto di animali domestici.

22. Cose su misura.

Esistono negozi su Internet in cui è possibile offrire prodotti su misura. Loro forniscono i prodotti, mentre voi fornite il design. Non è necessario acquistare i prodotti in anticipo o pagare per un sito web.

I clienti visitano questi siti web (come Cafe Press) per acquistare i prodotti. Quando un acquirente ordina un prodotto con il vostro design, l'azienda distribuisce la merce al cliente e vi dà una percentuale sui profitti.

Fate attenzione che il vostro lavoro del fine settimana non diventi troppo redditizio. Potreste aver bisogno di lasciare il vostro lavoro e avviare un'attività facendo ciò che amate.

23. Tutoraggio.

Con l'attuale clima economico, molte persone hanno difficoltà a far quadrare i conti. Per permettersi i beni di cui ha bisogno, molti di noi devono trovare un secondo lavoro o un lavoro nel fine settimana, anche se hanno un'occupazione. Esistono semplici occupazioni part-time per il fine settimana che chiunque può svolgere. Questa pagina illustra alcune opportunità di lavoro accessibili.

La raccolta di fondi per un'organizzazione non profit è un'occupazione part-time valida e ben retribuita. Le persone con spiccate doti di comunicazione e marketing possono iniziare a lavorare come addetti alla raccolta fondi part-time. È possibile guadagnare denaro e allo stesso tempo assistere i bisognosi. L'obiettivo principale è sollecitare contributi di beneficenza da parte dei singoli.

Un'attività di tutoraggio è un'altra eccellente opzione per guadagnare denaro extra. Questo impiego part-time è vantaggioso perché è facile ottenere clienti. Potete rivolgervi alla scuola locale o chiedere ai genitori se permettono ai loro figli di ricevere ripetizioni in una determinata materia.

Dopo un certo periodo di tempo, acquisirete altri consumatori perché i genitori e i bambini non informeranno altri bisognosi del vostro servizio. Pertanto, non avrete bisogno di fare pubblicità se il vostro lavoro è ben fatto.

Non è necessario uscire di casa. Le attività online per le quali si riceve un compenso sono un'altra eccellente opzione per guadagnare nei fine settimana. Una delle più popolari in questo settore è quella dei sondaggi retribuiti.

Dopo esservi registrati, potete collegarvi al sito di sondaggi per completare i sondaggi. Questo semplice compito può essere svolto la sera dopo il vostro lavoro dalle 9 alle 5, consentendovi di guadagnare di più. È possibile guadagnare molto denaro extra ogni mese, a seconda del tempo investito.

24. Cura dei dettagli del veicolo.

Questo tipo di lavoro è probabilmente il più facile e flessibile per voi. È stato classificato come un lavoro con una retribuzione sufficiente a guadagnare circa 250 dollari per auto (circa 4 ore).

Si inizia mettendo degli opuscoli sotto i tergicristalli di automobili sporche ma considerate costose. Inoltre, se si ha bisogno di una spazzola, un secchio e degli stracci nuovi, si può emettere un capitale per meno di 50 dollari.

25. Conservazione degli immobili commerciali.

Se vi piace lavorare all'aperto, questo lavoro è l'ideale per voi. Molte aziende importanti cercano dipendenti con questa esperienza. La retribuzione di questa posizione è piuttosto elevata. Oltre a un compenso ragionevole, riceverete anche esercizio fisico gratuito e aria fresca.

26. Guardia di finanza.

La maggior parte dei lavori nei fine settimana ha una retribuzione molto bassa. In genere, i bagnini vengono retribuiti come un normale dipendente pubblico della città o del paese in cui lavorano, ovvero con un salario superiore a quello minimo. Immaginate quanto sarà fantastico il vostro fisico! Potete imparare anche se non sapete nuotare.

Se avete sempre desiderato diventare bagnini, decidete di farne la vostra fonte di reddito di riserva se avete già un lavoro. L'esercizio fisico sarà fantastico, avrete accesso gratuito alle strutture e potrete passare ore a svolgere un lavoro utile e gratificante. Se siete studenti, la retribuzione è eccellente e questa referenza sarà una risorsa per il vostro curriculum in futuro.

27. Aiuto di scena per una band o un gruppo teatrale.

Molti istituti offrono una tariffa fissa per ogni impegno, indipendentemente dal numero di ore o dalla durata del weekend. Questo potrebbe non piacere a un istruttore di 40 anni che non ama la musica rock, ma non tutta la musica è rock.

Supponiamo che tu sia un bambino e riesca a diventare un roadie per un gruppo rock; complimenti a te! Alcune sinfonie si avvalgono di un supporto part-time nei fine settimana, quando i loro musicisti abituali sono fuori servizio. A volte, le compagnie teatrali impiegano assistenti con la stessa scala salariale.

28. Avviare un'attività di assistenza auto.

La maggior parte delle persone possiede un'automobile. Sfruttate questa risorsa offrendovi di lavare, aspirare e pulire l'intero veicolo. È possibile ottenere un prezzo maggiore se si combinano i servizi (lavaggio, aspirapolvere, pulizia dei vetri, ecc.).

29. Partecipare a una Raccolta di bottiglie.

Prendete il vostro pick-up e raccogliete le bottiglie indesiderate porta a porta. Molti individui riciclano, ma a molti manca il tempo per trasportare i loro materiali riciclabili al negozio di bottiglie. Offritevi di farlo per loro e conservate i risultati per voi. In questo modo si può ottenere una notevole quantità di denaro in prodotti riciclabili.

30. Organizzare una vendita in giardino.

Questa è l'occasione ideale per vendere gli oggetti indesiderati ed eliminare il disordine. È sufficiente pubblicare un annuncio sul giornale locale, distribuire volantini e organizzare la vendita in cortile.

31. La carta da giornale.

La consegna di giornali è un altro modo valido per guadagnare denaro extra durante il fine settimana. Potreste guadagnare un po' di soldi investendo più tempo ed energie. Potete contattare il distributore locale di giornali per informarvi sulla disponibilità di consegne nel fine settimana.

32. Paesaggista temporaneo.

Se avete un'attitudine alla progettazione e al design del paesaggio e siete in grado di rinfrescare i prati, un posto di lavoro come paesaggista è l'ideale per voi. La paesaggistica comprende la piantumazione di alberi e fiori, la posa di zolle di terra e la progettazione di giardini.

33. Avviare una piccola impresa.

È possibile creare una piccola impresa che funziona solo nei fine settimana o a tempo parziale. L'impresa può spaziare dalla produzione di dolci per le occasioni speciali al lavaggio dei vetri. I lavavetri guadagnano una paga oraria. Per avviare un'attività di lavavetri, è necessario rivolgersi ad aziende che necessitano del servizio durante il fine settimana, come ristoranti e abitazioni.

34. Utilizzate il vostro know-how.

Utilizzate le informazioni in modo efficace. Sei un educatore di matematica efficace? Avete la possibilità di diventare istruttori di matematica. Potreste offrire i vostri servizi come redattori o tutor se conoscete bene l'inglese. Fate in modo che le vostre capacità lavorino per voi.

Oltre alle possibilità elencate sopra, potete provare a fare qualcosa di creativo e divertente per guadagnare nei fine settimana. Potreste organizzare mercatini delle pulci in chiesa o nella comunità locale, oppure collaborare all'allestimento di fiere e centri commerciali al coperto. Molti acquirenti partecipano a queste fiere e sicuramente troverete dei clienti affezionati.

35. Casa vacanza privata.

Le vacanze di lusso a lungo termine sono disponibili per le persone che possono permettersi case vacanza private. A seconda della durata del viaggio, gli inquilini temporanei occupano queste proprietà per una o due settimane.

Le case sono completamente arredate con mobili standard e le case private per le vacanze includono solitamente vasche o piscine private e viste eccezionali. Se possedete delle proprietà che possono essere trasformate in case vacanza, dovreste considerare la possibilità di affittarle privatamente.

In primo luogo, bisogna stabilire se le proprietà soddisfano i requisiti per le case vacanza private. Queste case dovrebbero essere posizionate strategicamente vicino a centri commerciali, ristoranti e attrazioni turistiche.

La vicinanza delle vostre case a campi da golf, spiagge, stazioni sciistiche o montagne sarà un ulteriore vantaggio di vendita.

Prima di iniziare il processo di ristrutturazione, verificate se esiste un mercato per le vacanze divise in categorie. Dovrete avere una domanda elevata e una quantità limitata di case vacanza private nell'area circostante le vostre proprietà.

Procuratevi la documentazione legale essenziale per le case vacanza. Ristrutturate e arredate le vostre case per renderle il più confortevoli possibile. Le case vacanza private di lusso devono essere dotate di stufa, camino e piscina.

Includere nell'annuncio immagini e una descrizione dettagliata delle proprietà. Includete tutte le attività e i servizi pubblici disponibili nell'elenco del quartiere. Potete inserire il vostro annuncio su siti web gratuiti online, utilizzare società di noleggio o, se necessario, creare il vostro sito web.

A questo livello, il software per case vacanza è utile perché aiuta a gestire le prenotazioni e le proprietà. Potete gestire l'attività in modo indipendente o ingaggiare un team che vi assista nella gestione dei conti degli affitti, nei servizi di pulizia, nella manutenzione e nella pubblicità delle case vacanza private. Potreste anche offrire pacchetti semplici e gratuiti per attirare i viaggiatori.

CAPITOLO 5: I LAVORI PREFERITI DAGLI STUDENTI UNIVERSITARI NEL FINE SETTIMANA.

Per prepararsi alle loro future carriere, gli studenti universitari non sprecano più il loro tempo libero con giochi online, chat e altre attività frivole. Cominciano a cercare opportunità di lavoro nel fine settimana per aumentare il loro reddito. Le tre principali occupazioni del fine settimana che preferiscono sono indicate di seguito.

Tutor.

Questa posizione è ideale per gli studenti universitari. Non richiede un alto livello di destrezza manuale. Rivedendo le informazioni precedenti, si possono ottenere maggiori entrate. Rispetto ad altri lavori, questa posizione è comoda e ben retribuita.

Non solo può migliorare l'espressività e la resistenza del linguaggio, ma può aiutare a consolidare le proprie conoscenze. Soprattutto, l'orario di lavoro è quasi nei fine settimana o nelle ore extrascolastiche. Pertanto, non ostacolerà mai le attività accademiche.

Assistente o cameriere.

È molto diffuso cercare un impiego part-time nei fast food come KFC e McDonald's. Spesso assumono personale temporaneo nei fine settimana e nei giorni festivi. A causa della retribuzione oraria e del modello di lavoro a turni, è possibile lavorare solo nei fine settimana. Questo lavoro nel fine settimana non è particolarmente impegnativo, ma è necessario fornire un servizio cortese ai clienti ed essere in grado di gestire situazioni impreviste.

Tirocinio.

I tirocini possono favorire le future carriere degli studenti. Gli studenti possono proporsi se hanno dimostrato di avere competenze nella loro specializzazione. Tuttavia, lo stage può essere occasionalmente non retribuito. I diversi datori di lavoro vi compenseranno in modo diverso.

In definitiva, la vostra risorsa più importante sarà la vostra esperienza professionale e le vostre eccellenti competenze pratiche e pratiche. Le aziende, i supermercati, gli ospedali e le istituzioni pubbliche offrono generalmente opportunità di stage agli studenti.

Cosa farete nei fine settimana? Andare a trovare gli amici, fare shopping, partecipare a una festa o giocare online? Forse tutte queste attività del fine settimana sono fuori moda. Potete unirvi a molte persone che trovano un lavoro nel fine settimana per trascorrere i loro week-end.

CAPITOLO 6: GUADAGNARE 1.000 DOLLARI IN UN SOLO WEEKEND.

Tutti noi abbiamo visto i titoli delle riviste al supermercato che sostengono che è facile guadagnare somme di denaro spropositate in pochissimo tempo. E probabilmente avete visitato altri siti web nel tentativo di guadagnare di più, siti che ritraggono una villa lussuosa e auto sportive esotiche nel vialetto per creare l'idea di una ricchezza senza sforzo.

Ho acquistato le riviste, letto gli articoli e acquistato alcuni di questi programmi online. Tutti sembrano dire quanto basta per rispettare la lettera della legge, ma non dicono mai tutto quello che c'è da sapere per guadagnare la quantità di denaro che dicono di poter guadagnare, il che è estremamente frustrante.

Vorrei che, per una volta, qualcuno mi dicesse "come" fare! Che mi chiarisse le idee! Semplificarlo in modo che possa comprenderlo!

Ecco cosa farò. Dimostrerò come sia possibile guadagnare 1.000 dollari in un solo fine settimana.

Quindi, iniziamo.

Si comincia con la vendita. Non dite che non siete in grado di vendere. Sono sicuro che potete farlo. Vi vendete quando vi candidate per un lavoro, non è vero? Anche se questo CAPITOLO riguarda la vendita, non è il tipo di vendita che vi aspettate. Le persone riconosceranno già di volere e di avere bisogno di ciò che state vendendo, quindi non dovrete convincerle ad acquistarlo. Non c'è molto da vendere.

Se riuscite ad avvicinare una persona sconosciuta e a dirle: "Salve. Come stai?", va bene.

In secondo luogo, per fare soldi servono soldi. Sarebbe meglio se aveste qualcosa da vendere, perché ci sarà un investimento, ma l'investimento iniziale non deve essere necessariamente di centinaia di dollari. Io ho iniziato con appena 200 dollari (mi rendo conto che per alcuni anche 200 dollari sono soldi; anch'io la pensavo così). Alcuni iniziano con molto meno), ma è difficile fare soldi senza prima spenderli, no?

In terzo luogo, mi occupo esclusivamente di articoli nuovi di zecca. Non vado in giro per i negozi dell'usato, non partecipo alle vendite in garage o in cortile alla ricerca di articoli da rivendere e non mi immergo nei cassonetti.

Quindi cosa faccio? Vendo ai mercatini delle pulci. Lo faccio da decenni e sono riuscita a guadagnarmi da vivere lavorando solo nei fine settimana. (Con i miei amici scherzo dicendo che i miei fine settimana durano cinque giorni).

Non si tratta di scienza missilistica. Acquisto i prodotti all'ingrosso e UPS me li consegna. Li porto al mercatino dell'usato il sabato mattina e li espongo sui miei tavoli in modo attraente.

Quando arrivano i clienti, li saluto con un piacevole "Buongiorno!" e inizio una discussione come se li conoscessi da anni. Potrei fare loro un complimento sul colore dei vestiti o qualcosa del genere. Tutti apprezzano i complimenti.

Quando osservano la mia cordialità, si avvicinano ai miei tavoli per esaminare la mia merce. Io controllerò il loro sguardo il più attentamente possibile per determinare il loro interesse e descrivere i vantaggi dell'articolo: cosa può fare per loro, come può rendere la loro vita più facile o migliore, ecc.

Non si tratta tanto di marketing quanto di essere utili. Basta sorridere ed essere cordiali.

In men che non si dica, i clienti prendono gli articoli, li esaminano da vicino e decidono da soli se valgono il prezzo che ho fissato. È il caso, e si realizza un'ulteriore vendita.

Mantengo prezzi ragionevoli. Certo, li aumento per ottenere un profitto rispettabile, ma mantengo i miei prezzi al di sotto della vendita al dettaglio. I clienti sanno cosa fanno gli altri rivenditori per prodotti simili e adorano un buon affare.

Mi piazzo nei mercati delle pulci più grandi e affollati, dove ogni giorno passano davanti al mio stand da 1.000 a 5.000 clienti. Una percentuale di questi individui si fermerà a guardare e una percentuale di coloro che si fermano a guardare farà un acquisto.

1.000 dollari per weekend equivalgono a 500 dollari al giorno (weekend di due giorni). Circa il 33%, o 165 dollari, dei 500 dollari di entrate viene consumato dalle spese (affitto dello spazio e costo all'ingrosso degli articoli + consegna). Per guadagnare 500 dollari al giorno, devo realizzare circa 665 dollari di vendite giornaliere. Spesso supero questa cifra.

Per essere completamente trasparente, non ho solo 200 dollari di articoli disponibili. Ho tra i 1.500 e i 2.000 dollari di merce (al mio costo all'ingrosso). Ho iniziato la mia attività con soli 200 dollari perché era tutto ciò che potevo permettermi, e ho reinvestito il ricavato acquistando altri articoli e incrementando la mia attività. In pochi mesi ho guadagnato 800 dollari in un solo giorno.

I miei prodotti sono maggiorati di circa tre volte il loro prezzo all'ingrosso. Se ho pagato un articolo 1 dollaro, lo venderò a 3 o 4 dollari; se l'ho pagato 10 dollari, lo farò pagare 30 o 40 dollari. La maggior parte dei clienti acquista più articoli mentre è lì. Faccio facilmente molte centinaia di vendite al giorno.

Quindi. È un pio desiderio? No, è un'idea velleitaria?

Funziona? Sì!

Potete farlo?

Credo che conosciate già la risposta.

Al giorno d'oggi, molte persone hanno bisogno di un lavoro nel fine settimana. Cercatene uno che sia ben retribuito e che renda il vostro fine settimana più piacevole che noioso.

CAPITOLO 7: PASSI PER TROVARE RAPIDAMENTE UN LAVORO PER IL FINE SETTIMANA.

La vita è imprevedibile e può capitare di aver bisogno di un impiego nel fine settimana o part-time in tempi brevi. Ecco sette passi che permettono di ottenere un impiego nel fine settimana nel più breve tempo possibile.

Fase 1: identificare i propri interessi e punti di forza.

Si può pensare, ma la posizione è part-time! È vero. Tuttavia, molti lavori part-time sono diventati a tempo pieno quando coincidono con ciò che ispira o è un punto di forza dell'individuo.

Inoltre, perché sprecare i fine settimana facendo qualcosa che non vi piace quando avete delle alternative? Fate un rapido inventario dei vostri hobby, dei vostri punti di forza e di ciò che siete veramente bravi a fare, e sarete sulla buona strada per trovare un ottimo lavoro.

Fase 2: preparazione.

La preparazione prevede un curriculum e altri dettagli, come la presenza di una segreteria telefonica per garantire che qualcuno possa raggiungervi. Il vostro curriculum non deve essere necessariamente esaustivo, ma deve evidenziare le vostre competenze ed esperienze più rilevanti e rivolgersi a persone che condividono i vostri interessi e le vostre capacità.

Per prepararsi è necessario avere a disposizione le referenze, le informazioni sull'impiego precedente e attuale e altre informazioni di cui un potenziale datore di lavoro del fine settimana potrebbe avere bisogno in fretta.

Inoltre, stabilite in anticipo il tipo di lavoro che desiderate, quello che sicuramente non accetterete e perché, le ore che siete disposti a sacrificare, la distanza che siete disposti a percorrere per lavorare nel fine settimana e qualsiasi altra limitazione. Distinguete ciò che è desiderabile da ciò che non è negoziabile e siate consapevoli del motivo per cui avete stabilito dei limiti così rigidi. Proteggete il vostro perimetro.

Fase 3: Presentazione della domanda online.

Ricerca di siti di lavoro part-time e presentazione di candidature per tutte le posizioni rilevanti.

Fase 4: Applicazione faccia a faccia.

Dopo aver fatto domanda per le opportunità online, dovreste iniziare a bussare alle porte. Questo significa girare per i centri commerciali e chiedere a ogni potenziale cliente se sta assumendo. Capisco che possa sembrare strano, ma il modo di pensare non fa differenza. Sono stupito dal numero di cambiamenti part-time che derivano dalla domanda: "Sta cercando un lavoro per il fine settimana o part-time?". A volte è così semplice.

Fase 5: Costruire la rete.

Informate la vostra rete sociale che state cercando un lavoro nel fine settimana o a tempo parziale e il tipo di lavoro che vi piace. La maggior parte delle posizioni non viene pubblicizzata e la maggior parte delle aziende preferisce acquisire rapidamente personale, soprattutto per il lavoro part-time. Ciò significa che vogliono affidarsi alle segnalazioni dei dipendenti, per cui è ancora più importante che informiate la vostra rete di contatti delle vostre richieste. Vi assisteranno.

Fase 6: Mantenere il conto.

Tenete traccia delle persone con cui avete parlato, soprattutto se dovete ricontattarle. Il successo sta nel follow-up. Spesso i clienti non hanno un'apertura immediata, ma se vi chiedono di ricontattarli, prendete nota e fatelo: vi distinguerete dalla massa. Conservate la documentazione in modo che il secondo follow-up sia più efficace.

Fase 7: Aumentare le scelte.

Se non avete ancora trovato un lavoro per il fine settimana o un lavoro part-time, potete cercare delle opzioni di lavoro a casa. Esistono opportunità legittime di inserimento dati, assemblaggio a domicilio, scrittura e altre opportunità di lavoro a casa. Evitate le occupazioni che sembrano troppo belle o che non sfruttano le vostre capacità e abilità uniche.

CAPITOLO 8: I MIEI 50 MODI MIGLIORI PER GUADAGNARE 100 DOLLARI ONLINE IN UN WEEKEND.

È possibile guadagnare 100 dollari online in uno o due giorni durante il fine settimana, a condizione di adottare le misure appropriate. Ecco 50 modi per raggiungere questo obiettivo e ottenere un flusso costante di altre entrate part-time.

1. Create un ebook gratuito su un argomento di tendenza e vendete ai vostri clienti un'offerta premium. Distribuitelo gratuitamente online.

2. Create una recensione di un prodotto o di un libro popolare, pubblicatela sul vostro blog o sito web con un link di affiliazione e distribuite il vostro pezzo su un gran numero di social network e altri siti web.

3. Se avete già una lista di e-mail, potete inviare un'e-mail di promozione di un nuovo prodotto a voi o a qualcun altro come parte di un'e-mail con contenuti di valore.

4. Scrivete da tre a cinque articoli eccezionali per examiner.com e promuoveteli.

5. Pubblicate più articoli freschi sul blog con Google AdSense e distribuiteli su Twitter, Facebook e altri siti di social networking e bookmarking. Rendeteli attuali, pertinenti e coinvolgenti.

6. Create alcune recensioni video di libri o altri prodotti popolari e pubblicizzatele con un link di affiliazione su diversi siti di condivisione video.

7. Create un'offerta e un contenuto di grande interesse, quindi condividete il contenuto con un link all'offerta su Facebook.

8. Utilizzate la funzione di ricerca di Twitter per individuare le persone che cercano una soluzione

a un problema e progettate un prodotto che risponda al loro problema o offrite un prodotto affiliato.

9. Offrite un prodotto che affronti un problema o risponda a un argomento urgente che le persone chiedono nelle bacheche e nei forum.

10. Visitate i gruppi di Facebook ed eseguite le stesse azioni di cui ai numeri 8 e 9.

11. Create una breve asta su eBay per un prodotto popolare e vendetelo.

12. Distribuire un ebook gratuito, compresi i link di affiliazione, e invitare i singoli a diffonderlo.

13. Organizzate una festa su Internet e vendete alcuni prodotti molto richiesti.

14. Chiedere un compenso per la partecipazione a un teleseminario su un argomento popolare.

15. Chiedere un compenso per la partecipazione a un webinar su un argomento caldo.

16. Promuovere un'offerta di liquidazione di un prodotto su tutto il sito web.

17. Create una serie di video online su un argomento di tendenza. Regalatene uno gratuitamente e vendete gli altri.

18. Trascorrere l'intera giornata conducendo sondaggi retribuiti.

19. Create un sito web di una sola pagina con informazioni preziose e includete un pulsante di donazione PayPal, chiedendo ai visitatori di contribuire con qualsiasi cifra ritengano utile il vostro contenuto.

20. Scattate delle fotografie adorabili e sofisticate. Pubblicate le vostre foto su Facebook o su un altro sito web popolare e offrite ai visitatori l'opportunità di acquistare delle stampe.

21. Caricate magliette, adesivi e altri prodotti unici su Café Press e commercializzate il vostro sito in modo aggressivo.

22. Create dei loghi di alta qualità e rendeteli disponibili per l'acquisto.

23. Creare una serie di audio a pagamento simile a un podcast e venderla.

24. Trovate un'azienda che ha bisogno di un video pubblicitario. Create la pubblicità e pubblicatela online per loro conto.

25. Trovate un'azienda che ha bisogno di un sito web e sviluppatelo per loro.

26. Offritevi di produrre testimonianze video su Internet per alcune aziende. Fate pagare questo servizio.

27. Trovate un cliente che ha bisogno di uno scrittore freelance e dedicate il vostro tempo a creare articoli per lui.

28. Se il traffico è sufficiente, potete vendere spazi pubblicitari sul vostro sito web.

29. Trovate un sito web che ha bisogno di vendere degli annunci e richiedete una quota di ricavi. Quindi, contattate i potenziali acquirenti e proponete la vendita della pubblicità.

30. Trovate alcune aziende disposte a pagarvi per recensire i loro prodotti sul vostro blog.

31. Offritevi di scrivere post per qualcuno in cambio di un compenso.

32. Trovate i libri più venduti su Amazon e fate annunci testuali e video con il vostro link di affiliazione.

33. Offritevi di intervenire come ospiti in un teleseminario e pagate per la vostra competenza.

34. Offritevi di apparire in una trasmissione televisiva in diretta su un argomento di cui siete esperti e chiedete un compenso.

35. Organizzate un evento dal vivo su un argomento di tendenza e vendete i biglietti online.

36. Combinate alcuni dei vostri migliori contenuti in un prodotto informativo, vendetelo a un prezzo irrisorio e promuovetelo in modo aggressivo.

37. Offritevi di preparare pasti deliziosi e facili da preparare per la gente, poi pubblicizzateli online nella vostra regione e consegnateli.

38. Organizzate un concorso di poche ore in cui i singoli possono vincere prodotti popolari di alto valore e offrite a coloro che non hanno vinto uno sconto sostanziale sul prodotto.

39. Offritevi di scrivere e spedire biglietti d'auguri o cartoline per una piccola impresa o una persona che ha bisogno di inviare molti biglietti o cartoline.

40. Pubblicizzate la possibilità di effettuare servizi di corriere locale per alcune persone.

41. Trovate diversi argomenti di cui potete scrivere su Associated Content e componete gli articoli corrispondenti.

42. Offrite i vostri servizi come assistente virtuale nel fine settimana a un'azienda che ha bisogno di un minimo di lavoro su Internet.

43. Pubblicizzate la possibilità di svolgere lavori di dattilografia da casa nei fine settimana per uno o due clienti.

44. Visitate upwork.com e cercate lavori per i quali potete fare offerte e che potete portare a termine con successo.

45. Se parlate una lingua straniera, potete trovare online qualcuno che ha bisogno di un lavoro di traduzione.

46. Fotografate alcuni animali adorabili e vendete le immagini online con il permesso dei proprietari.

47. Create e vendete del materiale PLR originale.

48. Create cesti regalo e vendeteli insieme ad altri prodotti o come promozione per il solo fine settimana.

49. Trovate un'azienda che ha bisogno di aiuto per creare le sue pagine di social network e fatelo per loro.

50. Fate pagare le persone per partecipare a una lezione o conferenza virtuale che si rivolge a una nicchia specifica.

CONCLUSIONE.

Oggi tutti sono alla ricerca di denaro extra. Se andate a scuola o lavorate in un ufficio, avrete tempo di guadagnare soldi extra solo nei fine settimana. Diventate imprenditori nei fine settimana e guadagnate altri soldi.

Ci sono molte opportunità di fare soldi nei fine settimana, se si è abbastanza intraprendenti. Sono disponibili diverse opportunità di lavoro nel fine settimana per coloro che desiderano guadagnare denaro extra nel fine settimana.

Se avete un computer e una connessione a Internet, potete innanzitutto pensare di lavorare da casa e guadagnare. Internet è uno dei più grandi mercati del mondo. Utilizzando le risorse di Internet, non c'è limite al guadagno.

Prima di iniziare, è necessario condurre una ricerca approfondita per determinare la propria area di interesse e il settore che meglio si adatta al tempo e agli orari di lavoro disponibili.

È possibile farlo anche due volte alla settimana per guadagnare denaro extra. Molti periodici e giornali cercano continuamente personale per le consegne nei fine settimana. La consegna dei giornali potrebbe essere un'altra opzione da prendere in considerazione. Potete trovare informazioni rilevanti nel vostro giornale locale.

Se avete la passione per il giardinaggio, potreste anche prendere in considerazione l'idea di fare il paesaggista nel fine settimana. Piantate alberi, pulite e tagliate il prato e godetevi il vostro hobby guadagnando altri soldi. Sicuramente i vostri vicini stanno cercando qualcuno come voi.

Per diventare un imprenditore di successo occorrono motivazione, iniziativa e zelo. I dollari sono una conseguenza naturale. Fate gli imprenditori nei fine settimana e guadagnate altri soldi.

Provate quello che ho fatto io se avete bisogno di soldi immediatamente o entro un'ora. Oggi sto guadagnando più soldi di quanti ne abbia guadagnati con la mia precedente attività e potrete farlo anche voi, se cliccate sul link qui sotto e leggete l'incredibile storia vera. Dopo l'iscrizione ho avuto solo dieci secondi di sospetto prima di capire di cosa si trattasse. Anche voi, come me, sarete raggianti da un orecchio all'altro.

Come potete vedere, ci sono molte possibilità per le madri di guadagnarsi da vivere lavorando semplicemente nei fine settimana. La maggior parte delle persone non si rende conto che un'attività nel fine settimana può essere ampliata fino a non avere più bisogno di un altro lavoro da 9 a 5. Se non siete ancora sicuri di questi metodi di guadagno, sappiate che esistono molte altre opzioni.

Per prima cosa è necessario che tutto sia impostato in modo corretto. Per questo è necessario dotare il proprio ufficio domestico dell'attrezzatura necessaria, tra cui un computer e delle comode sedie da ufficio. È necessario rendersi conto che per guadagnare online.

Competenze gestionali per manager.

1. Gestione del tempo per manager
2. Coaching dei dipendenti per dirigenti
3. Team building per manager
4. Fiducia in se stessi per dirigenti
5. Abilità di negoziazione per manager
6. Abilità di servizio al cliente per manager
7. Assertività per manager
8. Galateo commerciale per manager
9. Capacità di ascolto per manager
10. Capacità di leadership per manager
11. Abilità di comunicazione per dirigenti
12. Abilità di presentazione per manager
13. Gestione dello stress per manager
14. Processo decisionale per manager
15. Gestione dei conflitti per manager.

Serie: Libertà finanziaria a qualsiasi età.

- Raggiungere la libertà finanziaria a 20 anni
- Raggiungere la libertà finanziaria a 30 anni
- Raggiungere la libertà finanziaria a 40 anni
- Raggiungere la libertà finanziaria a 50 anni
- Raggiungere la libertà finanziaria a 60 anni
- Raggiungere la libertà finanziaria a 70 anni e oltre.
- Raggiungere la libertà finanziaria nei bambini
- Raggiungere la libertà finanziaria negli adolescenti
- Raggiungere la libertà finanziaria negli studenti universitari.
- Truffe finanziarie da cui stare attenti in pensione.

Serie: Finanza personale per voi.
- ➤ Comprare e vendere criptovalute per principianti
- ➤ Perché investire in azioni a dividendo ha senso.

Serie: Ricchezza 2022.
- ➤ Imprenditorialità online.
- ➤ Avviare un'attività in proprio
- ➤ Gestione della ricchezza
- ➤ Reddito passivo.
- ➤ 12 passi per avviare un'attività in proprio.

Serie: Servizio clienti eccellente.
- ➤ Servizio clienti eccellente nella vendita al dettaglio
- ➤ Servizio clienti eccellente nei fast food
- ➤ Servizio clienti eccellente in un ristorante a servizio completo
- ➤ Servizio clienti eccellente nell'insegnamento.
- ➤ Servizio clienti eccellente nel settore immobiliare
- ➤ Servizio clienti eccellente in un call center
- ➤ Servizio clienti eccellente come receptionist
- ➤ Servizio clienti eccellente in un hotel
- ➤ Servizio clienti eccellente nella vendita
- ➤ Servizio clienti eccellente in qualsiasi situazione.

- Servizio clienti eccellente in uno studio dentistico
- Servizio clienti eccellente in uno studio medico.

Serie: Soldi veloci.

- Soldi veloci in una settimana
- Soldi veloci in un weekend
- Soldi veloci in un mese
- Soldi veloci per studenti.

Serie: Come promuovere.

- Come far prosperare la vostra attività durante la recessione
- Come promuovere il vostro ricettario
- Come promuovere il libro per bambini.

Biografia dell'autore

D.K. Hawkins. A D.K. piace leggere libri di economia personale e passare il tempo all'aria aperta. Altri libri verranno aggiunti a questa raccolta, quindi vi invitiamo a seguirci su Amazon per altri libri.

Grazie per aver acquistato questo libro.

Lo apprezzo sinceramente e apprezzo lei, il mio eccellente cliente.

Dio vi benedica.

D.K. Hawkins.

www.ingramcontent.com/pod-product-compliance
Lightning Source LLC
Chambersburg PA
CBHW050012230526
45465CB00003BB/1388